DU MÊME AUTEUR

Étouy, ses origines et ses anciens seigneurs. *Notice sur un village du département de l'Oise.* Ouvrage contenant huit gravures et un plan en couleur. Un vol. in-8°, non mis dans le commerce, Paris, 1894.

Clermontois et Beauvaisis. *Notes d'histoire et de littérature locales.* Ouvrage contenant treize gravures, un plan en couleur et une carte hors texte. Un vol. in-8°, Paris, 1901, A. Fontemoing, éditeur.. . . . . 6 fr.

49930.   Imprimerie Lahure, rue de Fleurus, 9, à Paris.

Robert de Clermont.
D'après une Estampe de la Bibliothèque nationale.

A. PINVERT

NOTICE

SUR

LES SIRES DE BOURBON

COMTES DE CLERMONT EN BEAUVAISIS

ET SUR LE COMTÉ

TURRI, LILIIS ET NATIS FIDELISSIMA ROBERTI
(Devise de la Ville de Clermont)

PARIS

ANCIENNE LIBRAIRIE THORIN ET FILS
ALBERT FONTEMOING, ÉDITEUR
Libraire des Écoles Françaises d'Athènes et de Rome
du Collège de France et de l'École Normale Supérieure
4, RUE LE GOFF, 4

1903

NOTICE

SUR

LES SIRES DE BOURBON

A. PINVERT

NOTICE

SUR

LES SIRES DE BOURBON

COMTES DE CLERMONT EN BEAUVAISIS

ET SUR LE COMTÉ

TURRI, LILIIS ET NATIS FIDELISSIMA ROBERTI
(Devise de la Ville de Clermont.)

PARIS

ANCIENNE LIBRAIRIE THORIN ET FILS
ALBERT FONTEMOING, ÉDITEUR
Libraire des Écoles Françaises d'Athènes et de Rome
du Collége de France et de l'École Normale Supérieure
4, RUE LE GOFF, 4

1903

AVANT-PROPOS

———

La Maison Royale de France a toujours brillé d'un vif éclat, et, dès le sixième siècle, un grand pape donnait à un descendant de Clovis ce témoignage, qu'elle surpassait en majesté toutes les autres royautés : « Quantò caeteros homines regia dignitas antecedit, tàntò caeterarum gentium regna regni vestri profecto culmen antecedit[1]. »

C'est à la suite glorieuse et ininterrompue de ses souverains (Mérovingiens, Carolingiens et Capétiens) que la France est redevable de la suprématie dont elle a joui longtemps dans le monde. Tous ont contribué à composer peu à peu la France, comme les abeilles construisent leur ruche.

On l'a dit avec raison : « Cette succession de princes illustres, qui, depuis Hugues Capet jusqu'en 1789, a été investie de la puissance souveraine en France; qui, pendant une domination huit fois séculaire, a présidé à toutes les destinées de notre patrie; qui a eu l'initiative ou la direction de tous les grands mouvements sociaux accomplis pendant cette suite de siècles,..... cette glorieuse dynastie a été la

———

1. GREGOR. *Epist. I ad Childebert Reg. Franc.*

personnification et en quelque sorte l'incarnation de notre histoire[1]. »

Et quel rang ont-ils occupé parmi les autres maisons souveraines?

« *La Maison de France, a écrit le père Buffier, est incontestablement la plus illustre qui ait jamais été au monde, et pour sa dignité et pour sa durée, à ne considérer même que ce qui en est connu évidemment, et du consentement unanime des savants*[2]. »

Mais parmi ces princes créateurs de la nationalité française, l'histoire signale surtout ceux de la Maison de Bourbon, comtes de Clermont en Beauvaisis.

« *Il n'est point dans l'histoire de maison plus illustre que celle des Bourbons. Issue de saint Louis par Robert, comte de Clermont, son sixième fils, elle remonte jusqu'à Robert le Fort, qui fut proclamé duc de France en 861, et dont l'origine se perd dans la nuit des temps. On peut dire aussi qu'il n'est point de maison qui ait produit autant de grands hommes*[3]. »

Cet éloge a été confirmé bien des fois. Citons seulement ce témoignage de deux anciens panégyristes :

« *La fameuse maison de Bourbon est sortie de la tige sacrée de saint Louis par Robert de France. L'origine de cette maison est autant glorieuse et ancienne que vénérable; aussi tous les honneurs et maintes prérogatives et qualités relevées, qui peuvent accroître la splendeur d'une grande*

---

1. L. LACROIX, *Dix ans d'enseignement historique à la Faculté des Lettres de Nancy*, Paris, 1865.

2. C. BUFFIER, *Introduction à l'histoire des maisons souveraines de l'Europe*, Paris, 1717.

3. L'abbé DE FONTENAY, *L'âme des Bourbons*, Paris, 1783, Avertissement.

famille, se sont heureusement rencontrés en elle. Les princes qu'elle a produits en grand nombre se sont acquis un renom immortel, non moins par leur valeur que par leur insigne piété, justice, bonté naturelle, et autres excellentes vertus, qui leur ont fait mériter ce digne éloge de grands, de justes et de bons[1]. »

Un historien local, se faisant l'écho de toutes ces louanges, les a résumées en ces quelques mots : « Tant d'encre et de papier pour un si petit comté! Mais les comtes sont si grands![2] »

Ces hommes ont contribué largement à l'agrandissement et à l'affermissement de la nationalité française; ils ont montré leur blason sur tous les champs de bataille, faisant souvent le sacrifice de leur fortune, de leur liberté et de leur vie.

Leurs nobles noms appartiennent à la France entière; mais on peut dire qu'ils appartiennent plus particulièrement à la ville et au comté de Clermont. C'est là en effet qu'est leur berceau; c'est de là qu'ils sont partis pour monter un jour sur ce trône de France où ils devaient acquérir, pour eux et pour nous, tant de gloire.

A ce double titre, il m'a paru qu'il ne serait pas sans intérêt de retracer brièvement l'histoire des sires de Bourbon, *pendant l'espace de temps où ils ont été seigneurs de la ville et du comté de Clermont.*

C'est cette étude qui fait l'objet de la présente notice.

J'ai dans cette simple brochure dépassé un peu les limites

1. SCEVOLE et LOUIS DE SAINTE-MARTHE, *Histoire généalogique de la Maison de France*, Paris, 1619-1647.

2. L'ÉPINOY, *Recherches historiques sur l'ancien comté de Clermont*, Beauvais, 1876.

de l'histoire de nos comtes pour parcourir rapidement notre petite province; j'espère que cette digression me sera pardonnée par tous ceux qui, selon l'expression de notre grand bailli clermontois, Philippe de Beaumanoir, sont d'iceli païs.

NOTICE

SUR

LES SIRES DE BOURBON

CHAPITRE PREMIER

QUELQUES MOTS SUR LES PREMIERS COMTES DE CLERMONT

Le comté de Clermont faisait partie du Beauvaisis.

Il serait difficile de donner d'une manière certaine la délimitation de ce comté à son origine. Les documents font défaut pour cette époque. Le premier titre à consulter serait sans doute les lettres patentes du mois de mars 1269, aux termes desquelles Louis IX, nous le verrons, constituait le comté de Clermont en apanage au profit de son fils Robert. Mais il faut remarquer que le roi ne fait pas une mention expresse de tous les biens par lui apanagés, car, après une indication assez sommaire, il ajoute : *avec les appartenances, fiefs et domaines, et quelcunques autres choses que nous avons illeuc.*

Ce comté n'était à l'origine qu'un simple fief non titré, mouvant de l'église de Beauvais.

1

Mais que de transformations il a subies dans la suite ! En raison d'accroissements successifs, il était devenu, dès le xıv^e siècle, l'une des seigneuries les plus importantes du royaume, avec rang de comté-pairie.

Les commencements de la ville de Clermont sont fort anciens. On ne saurait dire si le château a été bâti par le roi de France ou par un seigneur vassal, auquel la couronne aurait inféodé Clermont, on ne sait à quelle époque.

Les documents, très rares d'ailleurs, qui concernent ce temps, laissent régner une grande obscurité sur les origines et la généalogie des anciens seigneurs.

Premier renseignement précis sur cette période : En 1023, Clermont appartient à Baudouin de Clermont, qui fut présent à l'assemblée des grands du royaume, convoquée à cette époque à Compiègne.

Puis vient Gilduin, auquel succéda un autre seigneur, du nom de Godefroid.

A partir de ce dernier, les données historiques sont plus abondantes.

Nous voyons d'abord Renaud Ier, qui florissait en 1054, et conduisit (en 1087) l'armée du roi Henri Ier contre Guillaume II, duc de Normandie.

Son fils, Hugues Ier, lui succéda.

Vient après lui Renaud II, qui, en 1114, fit rebâtir l'église et la collégiale de Clermont. C'est Renaud II qui, le premier, s'est qualifié dans les actes du titre de *comte*; ses prédécesseurs ne prenaient que celui de *seigneur*.

Puis vient Raoul Ier (1157-1191). Celui-ci eut des démêlés fort vifs avec le chapitre de Beauvais. Raoul fut élevé à la dignité de connétable; il accompagna Philippe-Auguste en cette qualité dans son voyage en Terre Sainte (3e croisade).

Il mourut au siège de Saint-Jean-d'Acre en 1191. C'est lui qui créa le village de la Neuville-en-Hez, et le dota d'une charte de franchises.

Avec Raoul Ier finit la première race des comtes propriétaires de Clermont.

Sa fille Catherine lui succéda. Elle épousa Louis de Champagne, comte de Blois et de Chartres. Louis de Blois s'associa au grand mouvement d'affranchissement qui se produisit alors en France, surtout dans les provinces du Nord, et, en 1197, il accorda à la ville de Clermont une charte communale. Dans le préambule, le comte Louis de Blois déclare qu'il octroie cette charte aux habitants de Clermont « en l'honneur de Dieu, et dans l'intérêt du pays, pour le salut de son âme, et de celles de ses prédécesseurs, du consentement de sa femme Catherine ».

Louis de Blois mourut le 15 avril 1205, à la bataille d'Andrinople (4e croisade). C'était le deuxième comte de Clermont qui tombait sous les coups des Infidèles.

Sa veuve Catherine, pendant la minorité de son fils Thibaut, continua les travaux commencés par Raoul au château de la Neuville-en-Hez, et en fit une forteresse. C'est le terme qu'elle emploie elle-même dans une charte du mois de février 1208, où elle énonce les revenus assignés à la nouvelle chapelle, construite dans l'enceinte de ladite forteresse « en l'honneur de la benoîte vierge » dont elle porte le nom.

Nous verrons Saint Louis faire sa résidence de ce château où il était probablement né, et, plus tard, Henri IV venir assiéger et prendre la forteresse de Catherine.

Thibaut, fils de Catherine, mourut jeune en 1218, sans laisser d'enfant. Avec lui finit la deuxième race des comtes propriétaires de Clermont.

Le roi Philippe-Auguste profita de l'occasion que lui offrait la multiplicité des héritiers collatéraux; il ouvrit avec eux des négociations, et se rendit acquéreur du comté. Il le donna à titre d'apanage (à la charge de retour à la couronne à défaut d'héritiers directs) à Philippe Hurepel, son fils naturel, qu'il avait eu d'Agnès de Méranie. Celui-ci épousa Mahaut de Dammartin, et mourut le 15 janvier 1233. Il laissait une fille, Jeanne, mariée en 1245 à Gaucher de Châtillon, qui suivit Saint Louis en Égypte, et y périt. Les Croisades étaient funestes aux comtes de Clermont. Gaucher ne laissait pas d'enfant; Jeanne, sa veuve, mourut en 1251.

La reine Blanche, régente du royaume en l'absence de Saint Louis, laissa la jouissance du comté, à titre précaire, à Mahaut de Dammartin. Celle-ci épousa en secondes noces Alphonse III, roi de Portugal, et prit le titre de comtesse de Clermont. Une reine étrangère, comtesse de Clermont, le fait vaut la peine d'être noté.

Saint Louis, à sa rentrée dans son royaume, exigea le retour du comté de Clermont à la couronne, l'apanagiste n'ayant laissé aucun héritier direct. Mais ses frères, Alphonse, comte de Poitiers, et Charles d'Anjou, roi de Naples, formèrent opposition à la décision du roi en réclamant un partage de la seigneurie. De là une contestation qui dura sept ans. Le procès fut terminé par un arrêt du Parlement du 1er septembre 1258, qui attribua le comté au roi, déclarant qu'il devait lui revenir, *non pas à titre d'héritier, mais comme successeur du souverain qui avait constitué l'apanage.*

C'était une saine application des principes de notre droit public.

Si nous en croyons notre grand jurisconsulte beauvaisin,

Antoine Loysel, le mot *apanage* vient de *a pennis*. « C'est donner, dit-il, des plumes et moyens aux jeunes seigneurs sortant du nid de la maison de leur père pour commencer à voler, et faire quelque fortune par quelques exploits. »

Cette constitution d'apanage était une dette de la couronne.

« De par la loi salique, dit Loysel, le royaume ne se démembre pas; mais doit le roy apanage à messires ses frères et enfants mâles puînés, et mariages à mesdames ses sœurs et filles. »

Toutefois il faut, comme l'a fait l'arrêt du Parlement, restreindre cette règle dans ces justes limites, que, à défaut d'enfants du prince apanagiste, l'apanage fait retour à la couronne.

Saint Louis conserva le comté jusqu'en 1269, époque à laquelle il le donna en apanage à son fils puîné Robert en vertu de lettres patentes du mois de mars 1269[1].

Il faut remarquer que dans ces lettres patentes le saint roi, pour éviter le retour des difficultés qui s'étaient produites à l'époque du décès de Philippe Hurepel, a pris soin de stipuler formellement le retour de l'apanage à la couronne, au cas où l'apanagiste viendrait *à morir sans hoirs de son corps.*

L'année suivante, Louis IX partait pour sa seconde croisade, au cours de laquelle il devait succomber devant Tunis.

« Louis IX a laissé à ses enfants, dit Désormeaux, un héritage plus précieux encore que la première couronne de l'Europe, l'exemple des vertus les plus touchantes. Sa postérité ne dégénéra point. On verra que la branche des Bour-

---

1. Voir ci-après, Note I.

bons eut en partage, sur toutes les autres branches issues de
ce pieux monarque, son courage et sa bonté[1]. »

La suite de notre travail justifiera pleinement les paroles
de l'historien des Bourbons.

Pour la clarté du récit, j'ai ajouté dans les notes des
tableaux généalogiques. Je n'y ai fait figurer que les noms les
plus indispensables ; j'engage néanmoins le lecteur à s'y
reporter. « Il faut d'abord, dit le Père Buffier, jeter les yeux
sur ces tables, où sont marquées seulement les diverses
branches d'une maison ; ce qui donnera, sans nul embarras,
une vue et une idée générales[2]. »

1. DÉSORMEAUX, *Histoire de la Maison de Bourbon*, Paris, 1772-1788.
2. Voir ci-après, Notes V et VI.

CHAPITRE II

LES DUCS DE BOURBON [1], COMTES DE CLERMONT

ROBERT (1270-1317),

Comte de Clermont, baron de Bourbon et du Charolais.

Saint Louis laissait plusieurs fils, et notamment Philippe, l'aîné, qui monta sur le trône de France, et Robert qu'il avait investi du comté de Clermont, à titre d'apanage, avant son départ pour Tunis.

Il avait confié ce dernier aux soins de Blanche de Castille, sa mère, qui lui inspira les sentiments nobles et élevés qui l'animaient elle-même.

Robert devint un prince accompli.

Philippe le Hardi, son frère, avait pour lui l'amitié la plus tendre et la plus dévouée.

En 1272, suivant le Père Anselme, il lui fit épouser Béatrix de Bourgogne, fille et unique héritière de Jean, seigneur du Charolais, de la maison de Bourgogne, et d'Agnès de Bourbon, fille d'Archambault IX, sire de Bourbon-l'Archambault. Il nous faut retenir ce nom ; cette noble

---

1. Ou *sires* de Bourbon. Les Hauts Barons de France qui relevaient immédiatement de la couronne adoptèrent le titre de *sire*, pour se distinguer des barons inférieurs qui relevaient de duchés ou comtés. C'est pourquoi nous voyons des sires de Bourbon, de Coucy, etc. (SAINT-ALLAIS, *De l'ancienne France*, Paris, 1833).

princesse est, en effet, la mère de tous les Bourbons. Le portrait reproduit ici est tiré de la collection des Estampes de la Bibliothèque Nationale.

Béatrix de Bourbon-l'Archambault.

Cette seigneurie de Bourbon-l'Archambault est située à quelques lieues de Moulins[1].

Est-il vrai, comme l'a prétendu un auteur peu connu, et dont le témoignage sur ce point est isolé, sinon suspect, que le projet de cette union aurait été vu avec défaveur par le saint roi? Est-il vrai que ce projet (car le mariage n'eut

1. Voir ci-après, Note II.

lieu qu'après la mort de Saint Louis) lui aurait inspiré une sorte de diatribe et presque d'anathème? Je renvoie simplement au témoignage de Pierre de Saint-Julien, que j'ai recueilli ailleurs[1], vu sa rareté, et laisse le lecteur juge du degré de véracité qu'il convient de lui accorder.

La famille de Bourbon-l'Archambault, disent les frères Sainte-Marthe, occupait un rang distingué et était déjà apparentée aux rois de France.

Et ce mariage faisait de Robert un des plus puissants seigneurs du royaume. A son apanage du comté de Clermont, qui comprenait alors une grande partie du Beauvaisis, avec les châtellenies de Creil et de Gournay-sur-Aronde, devaient se joindre, au décès des père et mère de Béatrix, le Bourbonnais, le Charolais, etc.

Les noces furent célébrées en grande pompe au château de Clermont, qui était alors la résidence habituelle de Robert.

L'origine de ce château est fort ancienne; il a été probablement bâti pour arrêter les incursions des Normands. Telle est du moins l'opinion des historiens locaux (Voir Grave, Bosquillon, comte de Luçay, L'Épinoy, et autres).

Je reproduis ici une gravure représentant Clermont au xvie siècle. On y remarque la masse imposante du château, ses murs d'enceinte, et ceux qui entouraient la ville elle-même. Au bas, à droite, on voit le château de Warty (le pays s'appelle aujourd'hui Fitz-James), avec ses tours en poivrière. C'était la résidence de la famille de Warty, à laquelle appartenait Pierre de la Bretonnière, dont j'aurai à faire mention lorsque je retracerai plus bas la vie du connétable de Bourbon. De toutes ces constructions

---

1. Voir *Clermontois et Beauvaisis*, p. 213-215.

féodales, il ne reste plus actuellement que le donjon.

La vie du premier des Bourbons devait s'achever tristement. En 1278, vint à la cour de France le prince de Salerne, fils de Charles d'Anjou, roi de Sicile, cousin de Robert. Son arrivée donna lieu à des fêtes magnifiques.

Clermont et Warty au xvie siècle.

Robert, dans un tournoi, reçut à la tête diverses blessures, qui troublèrent sa raison jusqu'à la fin de ses jours.

« Par cet accident, disent les frères Sainte-Marthe, la France fut privée d'un plus grand fruit qu'elle espéroit recueillir de sa générosité, qui puis après fut redoublé en ses enfants et successeurs. »

Robert, dans ses moments lucides, s'occupa d'affaires importantes. Le roi Philippe III, son frère, le chargea de diverses négociations ; on sait par le *Trésor des Chartes* qu'il était admis dans les conseils.

Le souvenir de son père ne le quitta jamais. Pouvait-il oublier un tel père, et ces enseignements de chaque soir que Joinville nous a retracés en termes si touchants ? Il hérita de la piété et des vertus paternelles, fondant à Moulins l'hôpital de la Charité et se montrant partout le bienfaiteur des malheureux. Lorsque, le 25 août 1298, après la canonisation de Louis IX, sa dépouille mortelle fut solennellement transférée de la Sainte-Chapelle à la basilique de Saint-Denis, Robert fut un des personnages qui portèrent sur leurs épaules le corps du saint roi.

En 1314, il remit l'administration du comté de Clermont à son fils aîné Louis. Il mourut au Bois de Vincennes le 7 février 1317. Dans son testament, il ordonnait la construction d'une chapelle dans l'église de Clermont, avec un autel, où un prêtre, doté de seize livres de rente, dirait chaque jour la messe pour le repos de l'âme du testateur.

Divers faits importants sont à noter en ce qui concerne le Clermontois à cette époque :

1º En 1269, Saint Louis avait fait publier un recueil d'ordonnances et de règlements (les *Établissements*). C'était le premier code promulgué en France depuis les capitulaires de Charlemagne.

2º De 1279 à 1282, Robert avait eu pour bailli le célèbre Philippe de Remy de Beaumanoir. Ce jurisconsulte rédigea à cette époque les *Coutumes du Beauvoisis*, monument juridique très célèbre, qu'un de nos compatriotes appelle avec raison le plus étonnant de son siècle[1]. Il fut, dans ce travail, plus que rédacteur et commentateur; il fonda le droit, et se montra à la fois légiste et législateur[2].

3° En 1294, naissance de Charles le Bel, fils de Philippe le Bel. On a démontré récemment, contrairement à l'opinion longtemps admise, que ce prince est né au château de Creil, et non à Clermont[3]. (Le châtellenie de Creil faisait partie du comté de Clermont.)

Louis, fils de Robert, lui succéda sous le nom de Louis Ier.

LOUIS Ier, LE GRAND (1317-1341),

Duc de Bourbon, comte de Clermont et de la Marche....
Pair et grand Chambrier de France.

Ce prince fut un des hommes les plus remarquables de son siècle.

Du vivant de son père, il s'était signalé d'abord à Courtrai et à Mons-en-Puelle, dans la guerre que soutenait Philippe le Bel contre les Flamands; le roi pour le récompenser lui donna la charge de grand chambrier de France, qui fut héréditaire dans sa famille jusqu'à la défection du connétable de Bourbon.

En 1316, ses conseils contribuèrent à faire reconnaître

1. E. PLIVARD, *Le Régime matrimonial dans la Coutume de Clermont-en-Beauvaisis au XIIIe siècle d'après Philippe de Beaumanoir*, Clermont, 1901.

2. BÉCOT, *Philippe de Beaumanoir* (Discours de rentrée à la Cour d'appel), Amiens, 1863.

3. E. LAURAIN, *Trois naissances illustres (Saint Louis, Charles IV, Fernel)*, Paris, 1900.

pour successeur à la couronne Philippe V, dit Le Long, après la mort de Louis X le Hutin, son frère.

Devenu comte de Clermont, Louis s'interposa entre le roi et les barons révoltés et parvint à les faire rentrer sous l'autorité royale.

En 1322, Charles le Bel monta sur le trône de France. Il avait conservé une grande affection pour le comté de Clermont, où il était né. En 1328, il voulut réunir Clermont à la couronne et en reprit possession en donnant en échange à Louis le comté de la Marche. C'est pendant la période de temps où il posséda le comté de Clermont que Charles le Bel fit construire ou augmenter l'hôtel de ville, les murailles et les tours qui défendaient la cité.

Le comté de la Marche était un des grands gouvernements de l'ancienne France ; il comprenait en partie les territoires de nos départements actuels de la Creuse et de la Haute-Vienne.

Pour comble de faveurs, par lettre patente du 27 décembre 1327, le Roi avait érigé en duché-pairie la province du Bourbonnais que Louis tenait de sa mère Béatrix.

A partir de ce moment, dit Pasquier dans ses *Recherches de la France*, « ce fut une loy en ceste famille que le père portoit le titre de duc de Bourbon, et son fils aîné celui de comte de Clermont ».

Le nouveau duc, remarque très sensément Désormeaux, en adoptant pour lui et sa postérité le nom de *Bourbon* au lieu de celui de *Clermont*, retint les armes de France qui lui rappelaient sans cesse son auguste origine [1].

En lui conférant la pairie, le roi lui accordait, dit Saint-

1. Voir ci-après, Note III.

Allais, l'honneur le plus élevé où pouvait parvenir un sujet, quelque grand qu'il fût.

Le Roi disait dans ses lettres patentes :

« Nous espérons que la postérité du nouveau duc, marchant sur ses traces, sera dans tous les temps l'appui et l'ornement du trône. »

Il semble, dit Saint-Allais, que, dès lors, ce prince prévoyait les hautes destinées de la maison de Bourbon. La suite de notre récit prouvera que cet espoir et cette prévision devaient se réaliser.

En 1328, mort de Charles le Bel.

A ce moment, Édouard III d'Angleterre, le roi de France ne laissant aucun héritier direct, commença à élever des prétentions à la couronne de France. Il les appuyait sur les droits qu'il disait tenir de la princesse Isabelle, fille de Philippe le Bel, sa mère [1]. La loi salique s'opposait à ces prétentions et appelait au trône Philippe de Valois, fils de Charles de Valois, frère de Philippe le Bel [2].

Le duc de Bourbon, par son intervention, fit proclamer roi Philippe, qui monta sur le trône sous le nom de Philippe VI, de Valois.

En 1329, le duc de Bourbon suivit le roi en Flandre, où il se signala par des prodiges de valeur.

A son retour, pour le récompenser, Philippe VI lui rendit le comté de Clermont, sans lui redemander le comté de la Marche qu'il lui avait donné en échange.

Louis fut donc duc de Bourbon, comte de Clermont et comte de la Marche.

1. Voir ci-après, Note IV.
2. Voir ci-après, Note VI.

En 1356, nouvelles réclamations d'Édouard III. Ses prétentions ne connaissent plus de bornes. Il prend le titre de roi de France ; il adopte pour blason les fleurs de lis[1]. C'est le commencement de la guerre de Cent ans.

Louis décéda en 1341.

« Le roi perdit en lui, dit Désormeaux, l'homme le plus sage de son royaume, le seul peut-être dont l'expérience et l'autorité fussent capables de prévenir ou de réparer les maux sous le poids desquels la France manqua de succomber. »

Il laissait deux fils. Pierre, l'aîné, lui succéda comme duc de Bourbon et comte de Clermont ; Jacques, le puîné, eut le comté de la Marche et fut la tige de la branche cadette des Bourbons. Nous n'avons pas à nous occuper de cette branche quant à présent ; nous la retrouverons dans la suite de notre récit.

Il avait aussi deux filles ; l'une, Béatrix, mérite une mention. Elle avait épousé, à Creil, Jean de Luxembourg, roi de Bohême, qui, vieux et aveugle, vint se faire tuer héroïquement à Crécy, aux côtés de Philippe VI (1346).

Béatrix avait reçu en dot la châtellenie de Creil. De grandes fêtes furent données à Creil, à l'occasion de son mariage.

En ce qui concerne plus particulièrement le comté de Clermont, il faut noter que, en mai 1325, Louis avait confirmé la charte concédée, en 1197, aux habitants de Clermont par Louis de Blois et Catherine, sa femme.

---

1. Voir ci-après, Note III.

PIERRE Ier (1341-1356),

Duc de Bourbon, comte de Clermont, etc.

Pierre possédait la faveur du roi Philippe VI, qui lui donna en mariage sa sœur Isabelle.

Ce mariage, son mérite aussi, lui firent confier le commandement des armées. Il remporta de nombreux avantages : en Bretagne, où il soutint la cause de Charles de Blois ; en Guyenne, où il reprit un grand nombre de places aux Anglais ; il fut ensuite rappelé auprès du roi, pour s'opposer à Édouard III qui ravageait la Normandie, la Picardie, et menaçait Paris.

En 1346, il se trouva avec son frère Jacques, comte de la Marche, à la bataille de Crécy, où l'armée française fut mise en déroute ; Pierre y fut blessé grièvement.

En 1350, Philippe de Valois décédait, et Jean II, le Bon, montait sur le trône.

Le royaume fut troublé par les intrigues et les cabales d'une partie de la noblesse. Charles le Mauvais, roi de Navarre, petit-fils de Louis d'Évreux, frère de Philippe le Bel, en était le principal instigateur.

A ces troubles se joignait la guerre contre les Anglais. En 1356, eut lieu la bataille de Poitiers, livrée contre le Prince Noir. Pierre y fut tué en faisant un rempart de son corps à Jean II, qui, fait prisonnier, fut emmené en Angleterre.

Pierre laissa plusieurs filles, dont l'une épousa Charles V le Sage, et plusieurs fils, dont l'aîné, Louis, lui succéda sous le nom de Louis II.

LOUIS II (1356-1410),

Dit le Bon et le Grand, duc de Bourbon, comte de Clermont et du Forez.

Le roi prisonnier à l'étranger, les Anglais établis sur une partie du territoire, un dauphin presque enfant (le futur Charles V) luttant contre une noblesse révoltée, de la misère partout, des épidémies, des famines, telle était la crise que traversait alors notre pays, et dont il allait cependant se relever, apparemment parce qu'il ne doit pas périr.

Louis II vint au secours du dauphin, son beau-frère. Il apaisa la sédition des nobles, et Charles le Mauvais fut contraint de se soumettre.

En 1359, Louis se rendit à Londres auprès de Jean II prisonnier, pour négocier le traité de paix, qui fut signé à Brétigny le 13 mai 1360. Louis resta comme otage à Londres et se porta caution de la rançon stipulée pour la mise en liberté du roi Jean. On sait comment Jean retourna à Londres pour y mourir, en 1364. Louis ne revint en France qu'en 1366.

À son retour, il contracta une alliance qui marquait pour sa famille un accroissement considérable. Il épousa Anne, dauphine d'Auvergne et comtesse du Forez. A partir de ce moment, les ducs de Bourbon, qui jusque-là avaient partagé leur résidence entre Clermont et Moulins ou Bourbon-l'Archambault, habitèrent également Montluçon. Je n'ai pas à m'occuper de cette nouvelle seigneurie[1]. Les voilà donc

1. Consulter sur ce point *La Revue forézienne (passim)*, publiée à Saint-Étienne, et LA MURE, *Histoire des comtes du Forez et des ducs de Bourbon*, Lyon, 1674.

désormais *ducs de Bourbon* (c'est le titre principal, que porte toujours le duc régnant), *comtes de Clermont* (titre réservé à l'héritier présomptif) et *comtes du Forez*, sans parler d'autres titres que je néglige.

Louis continua à donner son concours au dauphin, devenu roi sous le nom de Charles V, en 1364; il reprit aux Anglais presque toutes les places qu'ils possédaient en France.

Charles V décéda en 1380, laissant à Louis la tutelle du Dauphin (le futur Charles VI).

En 1382, Louis fut vainqueur à Rosebecq.

En 1392, Charles VI tomba en démence, et le duc de Bourbon eut la tutelle du roi et celle de ses enfants.

Ajoutons, comme dernier exploit, la campagne du duc de Bourbon en Tunisie, qui eut pour résultat de rendre la liberté à un grand nombre de chrétiens. « Cette campagne, dit La Mure, fut de grand dommage et échec aux Sarrasins, qui furent battus en plusieurs rencontres. » Louis II mourut à Montluçon, en 1410, à l'âge de soixante-treize ans. « On l'appela *le grand* et *le bon*, titres justifiés, dit Fontenay, par son courage, ses talents militaires, sa grandeur d'âme, sa probité, sa bienfaisance et sa générosité. On trouva après sa mort deux cordes nouées et ceintes en sa chair nue, par pénitence, dont nul de ses serviteurs ne s'était aperçu durant sa vie[1]. »

Les historiens lui ont rendu justice. Christine de Pisan écrit de lui : « Que dirons-nous de ce duc, sinon qu'il fut un vase de bonté, de clémence, de bénignité et de douceur?... »

Et Froissart : « Partout où il venoit et où il passoit, il

---

1. La Mure, *op. cit.*

était le bienvenu, car ce duc avait grand'grâce d'être courtois et garni d'honneur et de bonne renommée. »

« Louis II, dit Montégut, tint la scène du monde pendant près d'un siècle. Il vit quatre règnes, et quels règnes! Ceux de Philippe VI, de Jean II, de Charles V et de Charles VI, et mourut à la veille d'Azincourt. Ce fut un des plus vaillants hommes de guerre de l'ancienne France. Son ami Duguesclin à part, les Anglais n'eurent pas d'adversaire plus habile et plus heureux[1]. »

Il laissait, à sa mort, son fils aîné Jean, qui lui succéda sous le nom de Jean Ier.

Sous son règne, des événements importants s'étaient produits dans le comté de Clermont :

1° En 1358, pendant sa détention en Angleterre, éclata la *Jacquerie*, dont le chef, Guillaume Calle, était de Clermont, selon Froissart, ou de Mello, suivant Jean de Venette.

« Lors, disent les *Grandes chroniques de France*, s'esmurent plusieurs menues gens de Beauvoisin... et se assemblèrent par mouvement mauvais.... » Les Jacques, *ensi comme chiens esragiés*, mirent à feu et à sang les vallées de l'Oise, du Thérain et de la Brêche. Les nobles, affolés, appelèrent à leur secours Charles le Mauvais, roi de Navarre. Calle, vaincu, fut pris et mis à mort sur la place du marché de Clermont.

La répression fut terrible, et les atrocités des Navarrais dépassèrent celles de l'insurrection elle-même.

---

1. E. Montégut, *En Bourbonnais et en Forez*, Paris, 1875.

Eustache Deschamps, huissier d'armes du roi Charles V et bailli de Senlis, dit dans ses poésies :

> En Beauvoisis estoit la presse
> De tuer femmes et enfants
> Des nobles ; telz estoit le temps ;
> Et de leurs maisons démolir.
> Ardre, darober et tollir.

Avec le nom de Guillaume Calle, il faut retenir celui du *Grand Ferret*, né près de Verberie, qui se signala dans ces luttes sanglantes. Plus tard, il se mit au service du Dauphin (Charles V). On sait ses exploits contre les Anglais de Creil, et sa mort héroïque à Longueil-Sainte-Marie[1].

2° Lorsqu'il revint d'Angleterre, Louis trouva le Clermontois en proie à la guerre civile suscitée par Charles le Mauvais, roi de Navarre, contre le Dauphin. Une conférence célèbre, tenue entre Charles le Mauvais et Louis II, en présence du Dauphin, sur la place du marché de Clermont, n'amena aucun résultat. Les troupes ennemies occupaient Creil, la Neuville-en-Hez, Pont-Sainte-Maxence. Et, en 1359, le célèbre captal de Buch s'empara de Clermont, qui ne fut évacué qu'en 1363. On croit rêver quand on lit dans Jean de Venette, Froissart et son continuateur Monstrelet, les faits d'armes dont notre paisible province a été le théâtre, tant sous Louis II que sous Jean Ier, son successeur.

---

1. Voir Siméon Luce, *Histoire de la Jacquerie*, Paris, 1859-1895 ; *La France pendant la guerre de Cent ans* ; |l. Flammermont, *La Jacquerie en Beauvaisis*, dans la *Revue historique*, 1879 (t. IX), p. 125-143 ; Jean Fillon, dit de Venette, continuateur de Guillaume de Nangis. Ce chroniqueur raconte les prouesses du *Grand Ferret* (*magnus Ferretus*) et de son compagnon *Guillaume aux Alouettes* (*Guillelmus Alaudis*).

Le comté de Clermont avait eu beaucoup à souffrir, d'abord de la Jacquerie, puis des ravages des Anglais et des Navarrais, en 1359 et 1360 ; mais Louis lui donna de l'accroissement, en achetant successivement les trois châtellenies de Remy, la Hérelle et Bulles.

3° C'est en 1373 que, sur l'ordre du roi Charles V, fut dressé le fameux dénombrement de tous les fiefs et arrière-fiefs du comté de Clermont[1].

Ces dénombrements, dit de Luçay, destinés à être enregistrés dans des livres spéciaux, déposés au siège du bailliage ou de la sénéchaussée, devaient contenir mention du fief ou des fiefs, du lieu et de la châtellenie où ils se trouvaient situés, ainsi que des arrière-fiefs qui en étaient mouvants. La déclaration devait être fournie, aux termes de l'ordonnance du roi, « dedans la feste de Pasques prochainement venant, faute de quoi les officiers royaux étaient invités et même tenus à saisir les fiefs non déclarés, et à en lever et percevoir les revenus ». ... En ce qui concerne le comté de Clermont, le travail fut mené à bonne fin[2].

---

1. Voir ce que j'en ai dit dans *Clermontois et Beauvaisis*, p. 10.

2. Cte DE LUÇAY, *Le comté de Clermont en Beauvaisis. — Le dénombrement de 1373*, Paris, 1878.

CHAPITRE III

LES DUCS DE BOURBON, COMTES DE CLERMONT (SUITE)

JEAN Ier (1410-1433),

Duc de Bourbon et d'Auvergne, comte de Clermont et du Forez,
et de Montpensier.

Avec Jean Ier commence l'ère de la plus grande prospérité des sires de Bourbon. En 1400, du vivant de son père, et, par conséquent, tandis qu'il n'était que comte de Clermont, Jean avait encore étendu les possessions de sa famille, en épousant la plus riche héritière du royaume, Marie de Berry, fille de Jean de France, duc de Berry, qui lui apportait en dot le duché d'Auvergne et le comté de Montpensier. C'est, pour les sires de Bourbon-Clermont (si on nous permet de leur donner ce nom que l'usage n'a pas consacré), l'apogée de leur enrichissement.

Jean était d'un caractère impétueux et ardent, et, après la mort de son père, il fut l'un des plus fougueux partisans de la faction des Armagnacs. Le Beauvaisis fut souvent désolé par ces luttes civiles.

En 1414, Jean lança un défi bruyant à l'Angleterre. Il se déclarait prêt à passer la Manche pour combattre à outrance tout chevalier qui se présenterait avec la lance, l'épée, la dague ou la hache d'armes. Les Picards n'ont jamais eu peur.

Mais les événements devaient en disposer autrement. En 1414, les Anglais firent une descente en Normandie et s'emparèrent de Harfleur. Pressés de divers côtés, ils se retirèrent dans la Picardie. Dans leur situation critique, ils durent leur salut à l'impétuosité et à l'indiscipline des Français, qui les attaquèrent en désordre à Azincourt. L'armée française subit une défaite aussi désastreuse qu'à Crécy et à Poitiers. La fleur de la noblesse y périt. Jean Ier, fait prisonnier, fut emmené en Angleterre, et sa bravade ne se réalisa qu'en ce point.

Après une telle défaite et avec un roi dément, l'état de la France semblait désespéré.

En 1416, Jean Ier proposa à Henri V, roi d'Angleterre, de passer en France pour négocier la paix. En cas d'échec, il s'engageait à revenir. Henri accepta. Mais les propositions du duc de Bourbon ne furent agréées ni par les conseillers de la Couronne ni par son fils, le comte de Clermont. Jean revint en Angleterre.

En 1422, Charles VI mourut, laissant pour successeur son fils Charles VII. L'état de sa santé ne s'était pas amélioré et il resta jusqu'à la fin de ses jours renfermé dans le château de Creil, dont on voit encore quelques vestiges.

Quant à Jean Ier, il décéda en Angleterre en 1433. Ce n'est que dix-huit années plus tard que son corps fut transporté au Prieuré de Souvigny, près Bourbon-l'Archambault, sépulture des ducs de Bourbon depuis le Xe siècle.

Son fils aîné lui succéda sous le nom de Charles Ier; son fils puîné, Louis, eut le comté de Montpensier. Il est la tige des Bourbons-Montpensier[1]. C'est l'aïeul du connétable de Bourbon.

1. Voir ci-après, Note V.

Le comté, pendant la captivité de Jean Ier, fut le théâtre de nombreux faits d'armes dont il faut lire le récit dans les chroniques de ce temps. Sans entrer dans le détail, je rappelle que le Clermontois fut occupé tour à tour par les Navarrais, les Bourguignons et les Anglais, et pillé par tous les partis qui *gâtaient le pays par feu et épée*. Quelques faits pourtant doivent être signalés :

En 1419, les Anglais échouent devant Clermont, dont Jean avait augmenté les fortifications. Ils brûlent le faubourg Saint-André.

En 1429, ils sont battus à Saint-Remy-en-l'Eau, près de Clermont. A cette époque, les Bourguignons étaient maîtres du pays.

Le 24 mai 1430, Jeanne d'Arc est faite prisonnière à Compiègne.

En 1431, à l'occasion d'un assaut donné au château de Clermont, je vois le nom d'un sieur de Bassentin. J'ai parlé ailleurs de cette famille [1].

Le célèbre dénombrement de 1373 fait mention de nombreux fiefs du comté détenus directement du *chastel de Clermont* par un sieur Jehan de Bassentin. Il mentionne même la cession faite, à titre d'arrière-fief, par ce Jehan de Bassentin à messire Jehan d'Épineuse, seigneur d'Etouy, de diverses pièces de terre attenant au château.

Les Bassentin étaient seigneurs de Ronquerolles. Il n'y reste aucune trace de leur manoir. En 1375, on voit un des leurs en procès avec Louis II, comte de Clermont, son suzerain, au sujet d'un droit de chasse dans le bois de Ronquerolles.

---

1. *Clermontois et Beauvaisis*, p. 226.

Parmi les étrangers qui guerroyaient alors dans le comté, il faut citer, outre l'Anglais Talbot, son compatriote Thomas Kiriel, gouverneur de Clermont, qui pilla toute la contrée.

CHARLES Ier (1433-1456),

Duc de Bourbon et d'Auvergne, comte de Clermont et du Forez.

Charles, alors qu'il n'était encore que comte de Clermont, et pendant la captivité de son père, avait rendu des services signalés au Dauphin (le futur Charles VII), régent du royaume pendant la démence de Charles VI.

Il lutta avec succès contre les forces anglaises qui occupaient une grande partie du royaume, et il accompagna dans le Languedoc le Dauphin, qui lui donna le gouvernement de cette province.

En 1422, ce prince monta sur le trône sous le nom de Charles VII.

En 1429, Charles de Bourbon se trouve sous les murs d'Orléans avec Dunois, Lahire, Xaintrailles ; il prend part à divers combats, notamment à la bataille des Harengs, mais il ne peut délivrer la ville, qui devait être sauvée par Jeanne d'Arc.

Il est victorieux en Champagne, en Brie, en Picardie ; Corbeil, Saint-Denis, le bois de Vincennes tombent en son pouvoir.

En 1433, devenu duc de Bourbon par la mort de son père, il attaque le duc de Bourgogne en Franche-Comté ; ses succès et son influence amènent la conclusion du traité d'Arras.

Surviennent les démêlés de Charles VII avec le Dauphin (le futur Louis XI). Charles y joua un rôle important.

Les épisodes qui, parmi toutes ces guerres, intéressent notre région, sont les suivants :

En 1434, Lahire s'empare de Clermont; mais en 1437, les Anglais, sous la conduite de Talbot, reprennent la ville et se rendent maîtres de Pont-Sainte-Maxence, de la Neuville-en-Hez, de Mouy, etc.

En 1442, Charles VII reprend Creil.

En 1443, les Anglais tentent, sans succès, l'assaut de Beauvais.

En 1449, ils perdent Clermont, et Charles de Bourbon, avec l'aide des habitants, rentre en possession du vieux château, berceau de sa race.

Cette même année, il est mêlé aux difficultés survenues entre le roi Charles VII et divers membres de la noblesse. Puis il se retire dans ses terres du Bourbonnais. La mort le surprit à Moulins en 1456, à l'âge de cinquante-six ans. Charles VII perdait en lui un homme de guerre et un conseiller. Tous ces comtes de Clermont furent vraiment, au sens étymologique, les *comites regis*, les compagnons du roi, à qui ils apportaient à la fois le secours de leurs bras et celui de leur entremise, non moins fidèles dans leurs avis que dans leurs actions, et, en toute circonstance, lieutenants dévoués de la monarchie.

Jean, fils aîné de Charles Ier, lui succéda sous le nom de Jean II.

JEAN II (1456-1488),

*Duc de Bourbon et d'Auvergne, comte de Clermont et du Forez,
surnommé Le Bon et le Fléau des Anglais.*

Encore un grand feudataire de la couronne qui fut un ami du souverain. Charles VII lui donna en mariage sa fille, Jeanne de France.

Dès sa jeunesse et du vivant de son père, il se signala par sa valeur.

Après la mort de Jeanne d'Arc à Rouen, les Anglais continuaient à occuper toute la Normandie.

Une lutte acharnée se prolongea pendant seize ans entre Français et Anglais.

Le 20 mai 1444, une trêve fut conclue à Tours, mais les Anglais la violèrent cinq ans plus tard en reprenant Fougères par trahison. La guerre recommença. L'armée de Charles VII était maîtresse de Rouen; elle menaçait Bayeux et Caen. En mars 1450, les Anglais débarquent à Cherbourg une armée de secours, commandée par Thomas Kiriel. Le jeune comte de Clermont s'avança à sa rencontre, et le 15 avril au matin, soutenu par le connétable de Richemont, il défit complètement l'armée anglaise à Formigny; la Normandie était sauvée.

On doit élever prochainement à Formigny un monument commémoratif de la bataille de 1450. Le projet que j'ai sous les yeux (Richemont et le comte de Clermont se serrant la main, couronnés par la France renaissante) est très beau, et on doit féliciter tous ceux qui auront contribué à son édification.

Jean fut créé chevalier sur le champ de bataille ; il garda depuis cette journée le surnom de *fléau des Anglais*.

En 1451, il reprit la Guyenne, dont il fut fait gouverneur.

En 1452, Talbot envahit cette province à la tête d'une armée nombreuse ; Jean le défit et le repoussa.

En 1456, Charles VII décédait, laissant pour successeur son fils Louis XI ; et cette même année, par suite de la mort de Charles Ier, Jean devenait duc de Bourbon, sous le nom de Jean II.

Les premières années du règne de Louis XI furent troublées par la *Ligue du bien public*, dans laquelle Jean se trouva engagé.

Puis viennent les démêlés du roi avec le duc de Bourgogne, les guerres avec la Flandre, avec Maximilien d'Autriche, et, en ce qui concerne spécialement le Beauvaisis, une nouvelle invasion de la Picardie par les Anglais, et le siège de Beauvais (1472) par Charles le Téméraire, siège où s'illustra Jeanne Hachette.

En 1483, Louis XI mourut ; Charles VIII, son fils, était mineur ; Louis XI, en mourant, avait désigné comme régente sa fille, Anne de Beaujeu, qu'il avait mariée à Pierre de Clermont, un des frères de notre personnage Jean II. On voit par combien de liens cette famille de Bourbon tenait à la famille royale.

Jean II, s'estimant privé de la régence et de la tutelle du jeune roi par son frère Pierre, se ligua avec le duc d'Orléans (le futur Louis XII), qui éprouvait le même mécompte. La guerre civile était prochaine. Pour l'éviter, la régente convoqua à Tours, en 1484, les États généraux. Ils ne satisfirent personne, mais l'habileté de la régente sut contenir tout le monde.

Jean II se retira à Moulins, où il mourut en 1488. « Il eut, dit Désormeaux, un grand caractère.... Il fut l'amour et les délices de ses vassaux, au milieu desquels il vécut comme un bon père de famille. » Ils l'appelaient le *Bon* et le *Généreux*; le roi l'avait fait connétable.

En l'absence de postérité, sa succession revenait à son frère puîné Charles, cardinal et archevêque de Lyon. Mais celui-ci renonça à tous ses droits, et ce fut son autre frère, précisément ce comte de Beaujeu dont je viens de parler, qui lui succéda sous le nom de Pierre II.

PIERRE II (1488-1503),

Duc de Bourbon, comte de Clermont et du Forez, comte de Beaujeu....
Prince de la Paix et de la Concorde.

La régence fut orageuse. En 1485, une partie de la noblesse se souleva. La victoire de Saint-Aubin-du-Cormier (22 juillet 1488) mit fin à cette sédition.

La Régente gouverna avec fermeté et sagesse; elle assura la paix et ramena l'ordre dans les finances.

L'acte le plus important de sa politique fut le mariage de Charles VIII. C'est sa diplomatie personnelle qui amena, en 1491, l'union du roi avec la princesse Anne, fille et unique héritière de François II, duc de Bretagne. « C'est ainsi, dit Fontenay, qu'elle termina son administration, après avoir agrandi le royaume d'une vaste province. »

Elle résigna la régence sur ces entrefaites.

En 1494, le roi partit pour l'Italie, où il voulait faire valoir ses droits sur le royaume de Naples, comme héritier de la maison d'Anjou. En partant, il confia les rênes du gouvernement au comte de Beaujeu, nommé lieutenant général du royaume. Pierre s'acquitta avec bonheur de ces hautes fonctions.

Le 7 avril 1498, Charles VIII décédait sans enfant ; c'était le dernier roi de la branche des Valois proprement dits. La loi salique appelait au trône un petit-fils de Louis d'Orléans, frère de Charles VI (Louis XII). C'est l'avènement de la branche des *Valois-Orléans*[1].

En 1503, le duc de Bourbon décédait à Moulins, regretté de ses vassaux qui lui avaient donné le nom de *prince de la Paix et de la Concorde.*

Il ne laissait qu'une fille, Suzanne de Bourbon : le comté de Clermont tombait en quenouille.

CHARLES III (1503-1522),

Comte de Montpensier, dauphin d'Auvergne, connétable de France, duc de Bourbon, comte de Clermont et du Forez.

A la mort de Pierre II, sa succession fut disputée entre sa fille Suzanne et la branche de Bourbon-Montpensier, représentée par Charles III de Montpensier[2].

Charles (descendant de Louis de Bourbon-Montpensier, fils puîné de Jean Ier, comte de Clermont) invoquait les dispositions de la loi salique en matière d'apanage, et opposait à la descendance de Pierre II le défaut *d'hoirs mâles.* La question se compliquait de ce fait qu'on invoquait de part et d'autre des titres obscurs et peu d'accord entre eux[3].

---

1. Voir ci-après, Note VI.

2. Voir ci-après, Note V, où nous avons établi avec soin, à l'aide d'un tableau généalogique, cette question de filiation.

3. Voir DURIN, *Traité des apanages,* Paris, 1835.

Une commission composée de seigneurs, de ministres et de jurisconsultes, chargée par Louis XII d'examiner l'affaire, fit un rapport favorable aux prétentions du duc Charles. Mais dépouiller la fille de Pierre II de son héritage semblait difficile. Sa mère, la duchesse Anne, négocia une fois encore, et un mariage fut la meilleure des transactions : Suzanne épousa Charles de Montpensier, son cousin, qui devint ainsi duc de Bourbon, comte de Clermont et du Forez, etc., sous le nom de Charles III.

Dans leur contrat de mariage, passé en 1505, ils se faisaient une donation réciproque de tous leurs biens en cas de non-survenance d'enfant.

Par ce mariage, Charles de Bourbon devenait un des grands personnages du royaume. « Il faut voir, dit Michelet, l'énormité du royaume que ce Bourbon avait en France. Il réunissait deux duchés, quatre comtés, deux vicomtés, un nombre infini de châtellenies et seigneuries. Son bizarre empire ne comprenait pas seulement le grand fief central et massif de Bourbonnais, Auvergne et Marche, mais des positions excentriques fort importantes, le Beaujolais, le Forez, les Dombes..., Clermont-en-Beauvaisis. »

Charles III était adoré de ses vassaux. Les États du Bourbonnais lui firent don d'une somme considérable; cet exemple fut suivi dans les autres domaines, notamment dans le comté de Clermont.

Le comte vint à la Cour; il assista au mariage de Madame Claude, fille de Louis XII, avec le comte d'Angoulême (le futur François Ier). C'est en cette circonstance que Louise de Savoie, mère du comte d'Angoulême, conçut pour Charles III une passion dont nous verrons plus loin les suites funestes.

Charles eut bientôt de nombreuses occasions de signaler sa valeur.

En 1507, Gênes se révolte; Louis XII passe en Italie pour faire rentrer la ville sous son obéissance. Charles l'accompagne dans cette expédition.

En 1509, il est vainqueur à Agnadel contre les Vénitiens.

En 1515, Louis XII vient à décéder, ne laissant aucun héritier mâle; avec lui avait commencé et finissait la branche des *Valois-Orléans*.

La loi salique donnait la couronne au comte d'Angoulême, arrière-petit-fils de Louis d'Orléans, frère de Charles VI[1].

Ce prince est François Ier, chef de la branche des *Valois-Angoulême*.

En 1515, le roi partit pour l'Italie. Le but de l'expédition était de reprendre le Milanais, sur lequel la couronne de France prétendait avoir droit, du chef de Valentine de Milan que le duc d'Orléans, son aïeul, avait épousée.

Les 13-14 septembre, fut livrée la bataille de Marignan. Charles y mérita par sa vaillance l'épée de connétable.

C'était l'apogée de sa fortune : les disgrâces allaient venir.

Irritée de ses dédains, Louise de Savoie avait juré de se venger et elle tint parole. Elle lui fit les procès les plus injustes. Elle lui contesta d'abord ses droits au comté de Clermont, qu'il tenait de son mariage avec Suzanne. Celle-ci mourut au cours de toutes ces tracasseries, en 1524, sans laisser de postérité[2]. Aussitôt Louise de Savoie offrit sa main au connétable, qui refusa. Nouveau procès alors pour lui disputer les biens dont la mort de Suzanne le laissait possesseur, aux termes du contrat de mariage.

1. Voir ci-après, Note VI.
2. Voir ci-après, Note VII.

Le 11 août 1523, un arrêt du Parlement ordonna *que les parties seraient appointées au Conseil, et que les biens en litige* (notamment Clermont) *seraient mis en séquestre.*

La fureur de Charles ne connut pas de bornes. La devise qu'il fit alors graver sur son épée : *In ferro salus*, indique bien son état d'esprit. Il s'allia secrètement avec Charles-Quint et se disposa à quitter la France.

La fuite était difficile. Il était alors à Moulins, malade. Le roi, qui le soupçonnait, avait mis auprès de lui, sous le prétexte d'avoir des nouvelles de sa santé, en réalité pour le surveiller, un gentilhomme clermontois nommé Pierre de la Bretonnière, seigneur de Warty (aujourd'hui Fitz-James), près de Clermont. J'ai parlé ailleurs avec détail de ce fief et de cette famille[1].

La surveillance fut vaine. « Charles, dit La Mure, partit de nuit, en habit déguisé, de son château-fort de Chantrelle-en-Bourbonnais, accompagné seulement de cinq ou six gentils-hommes de ses familiers, ayant fait tourner à contre-pied les fers de leurs chevaux. »

François Ier mit alors le séquestre sur tous les biens de Charles, même sur le comté de Clermont, constitué en apanage. C'était, cette fois, et d'une façon bien plus certaine qu'avec l'arrêt du Parlement, c'était, sans discussion possible, la perte pour Charles de toutes ses possessions.

On sait le reste : la bataille de Pavie, la défaite de François Ier, l'entrevue de Charles avec Bayard, et enfin le siège de Rome.

Le 6 mai 1527, Bourbon fut tué à l'assaut de la Ville Éternelle, d'un coup d'arquebuse parti, dit-on, de la main

1. *Clermontois et Beauvaisis*, p. 185.

d'un prêtre. C'est du moins la version de Brantôme : « J'ai ouy dire à Rome, raconte-t-il, que celuy qui tira ceste malheureuse arquebusade etait prestre. » Benvenuto Cellini s'attribue, au contraire, l'honneur de cette mort : « Fuche da nostri colpi si ammazò Borbone[1]. »

Le duc mourait à trente-huit ans, après une vie agitée, pleine de grandes actions et de grandes fautes. L'histoire a été sévère pour lui. Si légitime que soit le principe d'un ressentiment, la trahison n'a jamais d'excuse. Peut-être la mort prématurée de Charles de Bourbon a-t-elle été surtout malheureuse pour lui en ce qu'elle ne lui a pas laissé le temps de reconnaître ses erreurs et de « les réparer glorieusement par de fidèles services », comme il a été dit d'un autre rebelle[2]. Mais la postérité apprécie les hommes d'après ce qu'ils ont fait, et, pour juger le connétable, elle n'a pu que s'associer à la réprobation de Bayard expirant.

Les historiens ont surtout vanté ses qualités militaires. « Il avait, dit La Mure, l'art de se faire aimer de ses soldats, des Allemands comme des Espagnols. » Et Brantôme : « Il fut lieutenant-général de l'empereur (Charles-Quint), là où il acquit telle gloire, honneur et renom que ses soldats firent de lui une chanson qui l'exaltoit grandement par-dessus César, Annibal et Scipion, et qui commençoit ainsi :

> Calla, calla, Julio Cesar, Hannibal, Scipion :
> Viva la Fama de Borbon !

Dans cette chanson, il y a un couplet qui dit :

> Decia les : mis señores,
> Yo soi pobre caballero,

1 Cellini (*La vita di*) *da lui scritta*, Lib. 1., cap. XXXIV.
2. Bossuet, *Oraison funèbre du Grand Condé*.

> Y tambien, come vos otros,
> No tengo un denaro.

Nous avons dit la cause de cette détresse financière du grand capitaine.

On porta son corps au château de Gaëte, où il fut enterré avec cette épitaphe :

> *Aucto Imperio,*
> *Gallo victo,*
> *Superacta Italia,*
> *Pontifice obsesso,*
> *Roma capta,*
> *Borbonius hic jacet.*

Son nom resta dans la mémoire du peuple romain. Les mères, pour faire peur à leurs enfants, leur disaient : « *Ecco il Borbone !* »

La mort du connétable ne désarma pas François Ier, qui fit instruire son procès de haute trahison par le parlement. L'arrêt qui fut rendu prononçait la confiscation de tous ses biens, et le retranchait de la maison des Bourbons *comme ayant notoirement dégénéré des mœurs et fidélité des antécesseurs de ladite maison.*

Avec lui finissait la branche aînée de la maison de Bourbon, « après avoir, dit Désormeaux, subsisté plus de deux siècles avec un éclat qui fut toujours en augmentant ». Et cet auteur ajoute, dans le style de son temps : « Le plus beau titre de ces princes est d'avoir toujours eu des entrailles paternelles pour leurs vassaux. On ne prononçait le nom chéri de Bourbon qu'avec des larmes de joie et d'attendrissement. » Ils n'ont pas menti à leur devise, qui était VALEUR ET BONTÉ.

Certes, aucune province du royaume n'eut des seigneurs aussi illustres, et de toutes les maisons princières qui faisaient cortège à la royauté, aucune n'égala par son opulence, par son dévouement et l'éclat des services rendus, la race des Bourbons, comtes de Clermont.

Le Bon, le Généreux, le Fléau des Anglais, le Connétable, ce sont là de grands noms. Et quel intérêt dans l'étude d'un passé si lointain, presque oublié! Et que la fuite des âges semble encore plus rapide, quand on se reporte à ces vieux souvenirs!

Où est, s'écriait déjà à cette époque, ou peu s'en faut, le poète Villon, dans sa *Ballade des seigneurs du temps jadis,* où est

> Le gracieux duc de Bourbon,
> Et Artus, le duc de Bretaigne,
> Et Charles septiesme, le Bon?....
> Mais où est le preux Charlemaigne!

Et la demeure de ces seigneurs du temps jadis, qu'est-elle devenue? Clermont a gardé son fier donjon, mais l'enceinte du château et celle de la ville ont disparu. Disparu aussi le manoir de Moulins, dont il ne subsiste qu'une tour, transformée en prison. A Montbrizon, l'ancienne capitale du Forez, les ruines mêmes ont péri. A Bourbon-l'Archambault, la sainte chapelle, où l'on conservait un morceau de la vraie croix, a été détruite; du château, il ne reste que trois tours délabrées, au bord de l'étang mélancolique. Là, comme ailleurs, la charrue a passé sur le domaine féodal : *Et seges est ubi Troja fuit*[1].

Mais les sires de Clermont dorment toujours dans les caveaux de l'église de Souvigny (près de Moulins), laquelle a survécu à l'abbaye qu'ils avaient fondée en ce lieu.

1. OVIDE, *Heroid.*, Ep. I.

CHAPITRE IV

LE COMTÉ DE CLERMONT SOUS LES VALOIS

Par le fait de sa confiscation, les destinées du comté de Clermont vont maintenant se trouver liées à celles de la couronne. Elles présenteront toutefois certaines vicissitudes qui ne sont pas sans intérêt pour l'histoire locale.

Remarquons-le : cette confiscation d'un apanage était chose grave. En effet, remarque Dupin, le titulaire d'un bien de cette nature ne pouvant l'aliéner, il va de soi qu'il ne pouvait davantage en compromettre par son fait, en subissant une expropriation, la transmissibilité à ses successeurs.

Quoi qu'il en soit, le parlement ayant prononcé la confiscation, Louise de Savoie renouvela ses prétentions, et, le 25 août 1527, intervint entre elle et François Ier une transaction, aux termes de laquelle il fut convenu qu'elle prendrait en pairie, sa vie durant, le comté de Clermont, et qu'après son décès il ferait partie de l'apanage de son second fils, Charles de France, duc d'Orléans. A la suite du décès de Louise de Savoie, arrivé le 22 décembre 1531, le comté fit retour à la couronne jusqu'en 1540, époque à laquelle François Ier, exécutant la convention intervenue entre lui et sa mère, le transmit à Charles d'Orléans, son frère, à titre d'apanage, et à charge de retour à la couronne, à défaut d'hoirs mâles.

C'est en 1539, pendant la possession de François Ier, qu'eut lieu, en exécution des ordres du roi, par André Gaillard, maître des requêtes, et Nicole Thibaut, procureur général, la revision, correction et rédaction de la coutume de Clermont[1]. Le Clermontois Jean Filleau, traducteur de Sulpice Sévère, jurisconsulte, et, plus tard, président de l'élection de Clermont, collabora à ce travail, qui était la seconde revision de la coutume depuis celle à laquelle avait présidé Beaumanoir[2].

En 1545, le duc d'Orléans décédait sans postérité, et le comté faisait de nouveau retour à la couronne.

En 1547, mort de François Ier.

Son fils Henri II posséda le comté jusqu'à son décès (1559.)

En 1559, François II lui succéda sur le trône; il mourut en 1560.

Sous ces deux derniers règnes, le Clermontois vit naître des hommes remarquables, dont je dois rappeler les noms au passage : Jean Fernel, médecin de Henri II ; — Jacques Grévin, poète de la Pléiade, qui donna à cette époque son *Théâtre*, la *Description du Beauvaisis*, ses diverses poésies, notamment sur le Traité de Cateau-Cambrésis, la *Pastorale*, l'*Hymne au Dauphin* (le futur François II), à l'occasion de son mariage avec Marie de Lorraine (Marie Stuart) ; — Jacques Charpentier, futur médecin du roi Charles IX, et célèbre par ses controverses avec Ramus et Grévin.

---

1. Voir L'Epinoy, *Recherches historiques et critiques sur l'ancien comté de Clermont et les comtes du xie au xiiie siècle* (dans les *Mémoires de la Société académique du Département de l'Oise*, t. VIII, IX et X).

2. Cte DE Luçay, *Le comté de Clermont en Beauvaisis.... Un Référendum législatif au xvie siècle*, Beauvais, 1898.

En 1560, Charles IX monte sur le trône, qu'il occupe jusqu'en 1574.

En cette année 1560, a lieu la convocation des États généraux à Blois, où le Tiers-État demande la réforme du clergé et l'examen des comptes des derniers ministres des finances. Jean Filleau y est député par le Tiers-État du comté de Clermont.

En 1562, le comté de Clermont va être détaché de nouveau du domaine de la couronne.

Par lettres patentes du 15 mai, le roi Charles IX, confirmant les décisions précédemment prises par son frère François II, et, *considérant qu'il n'y a rien de si digne et recommandable envers les hommes, que l'affection et l'honneur que les enfants doivent à leur mère... et regardant à la provision qu'il devoit à la reine sa très honorée mère, pour ses dot et douaire après le trépas du feu roy Henri, son très honoré seigneur et père*, donna à Catherine de Médicis, sa mère, le comté de Clermont, avec les duchés de Bourbonnais, d'Auvergne, etc.

Suzeraine du Clermontois, Catherine de Médicis fut la protectrice des lettres dans son domaine. Filleau lui adressait une ode :

> « Pensant de donner estraine
> « A ma Dame souveraine, etc.

Et il lui dédiait ses œuvres dans une épître amphigourique qu'il signait « *celuy qui se voue entièrement à faire fidèle service à Vostre Majesté, à jamais vostre très humble et affectionné subject* ».

C'est Catherine qui choisit Loys le Caron, dit Charondas, pour en faire le lieutenant-général du bailliage de Clermont.

Et c'est à Clermont que celui-ci a composé ses célèbres ouvrages. Charondas exprime sa reconnaissance dans un remerciement à la reine : « Il a plu à Vostre Majesté, dit-il, m'appeler à l'estat de lieutenant-général de Clermont en Beauvoisis, duquel je ne pensois aucunement, et vos bons subjects d'icelle ville ayant entendu vostre volonté, m'ont incité à le désirer par l'eslection qu'ils en ont faicte de moy.... »

Enfin, en 1567, un poète qui était un enfant du pays, et que j'ai précédemment nommé, Jacques Grévin, adressait à Catherine son *Proème, ou Histoire des Français et hommes vertueux de la maison de Médicis.*

Cependant Catherine ne devait pas garder longtemps la possession de son comté de Clermont. Les besoins de l'État ayant nécessité l'aliénation d'une partie du domaine royal, le comté de Clermont fut engagé, le 15 août 1569, sous réserve de faculté perpétuelle de rachat, au duc de Brunswick. En 1575, celui-ci l'aliéna à Charles II, duc de Lorraine (marié à Claude de France, une des filles de Henri II et de Catherine de Médicis), sous réserve toutefois de l'usufruit. Il mourut peu après sans postérité, et Charles de Lorraine eut ainsi la toute propriété du comté.

Les événements locaux de cette période sont les suivants :

En 1570, fut rendu l'édit de Pacification, aux termes duquel les faubourgs de Clermont furent désignés comme un des lieux d'exercice du culte réformé dans l'Ile-de-France et dans la Picardie. Les protestants y firent construire, au lieu encore appelé aujourd'hui *le Prêche*, un temple qui passait pour le second du royaume en importance, et auquel un collège fut annexé par la suite, mais le tout fut démoli plus tard, en exécution d'un arrêt du Parlement. Les pierres provenant du temple servirent en partie à la construction de l'hôpital.

En 1588, le comté de Clermont fut représenté aux États généraux de Blois par Charondas.

CHAPITRE V

LE COMTÉ DE CLERMONT SOUS HENRI IV

Henri III mort sans enfant, le crime de Jacques Clément ouvrait la question de la succession au trône.

Il n'y avait plus d'héritiers de Philippe III le Hardi ; il fallait s'adresser à la lignée de Robert de Clermont, son frère[1].

La branche aînée des descendants de ce prince avait disparu avec Suzanne de Bourbon et le connétable, son cousin et mari. Restait la branche cadette, dont la tige était Jacques, comte de la Marche[2].

Les membres de cette famille ne le cédèrent pas à ceux de la branche aînée pour la valeur militaire et le dévouement à la royauté.

Jacques Ier, son chef, fut à Crécy et à Poitiers.

Son fils, Jean Ier, qui épousa l'héritière du comte de Vendôme (dont sa famille allait prendre le nom), eut un fils, Louis de Vendôme, prisonnier à Azincourt.

François II se battit à Fornoue.

Charles, son successeur, en récompense de ses services, vit son comté de Vendôme érigé en duché-pairie.

---

1. Voir ci-après, Note VI.
2. Voir ci-après, Note V.

Charles, duc de Vendôme, décéda en 1537.

Il laissait quatre fils, dont l'aîné, Antoine, avait épousé Jeanne d'Albret, reine de Navarre.

Antoine de Bourbon décéda en 1562; son fils, Henri de Navarre, épousa Marguerite de Valois, fille du roi de France Henri II.

Par la mort d'Henri III (1er août 1589), Henri de Bourbon, roi de Navarre, fils du fils aîné de Charles de Vendôme, se trouvait être, en vertu de la loi salique, le représentant de la monarchie française, le successeur direct, comme plus proche héritier mâle, de Hugues Capet et de Saint Louis [1].

Mais que d'obstacles ne lui fallait-il pas surmonter : sa qualité de calviniste, qui lui aliénait une partie des catholiques, en attendant que son abjuration lui aliénât les calvinistes; le désordre qui était partout dans le pays; la Ligue qui était puissante et qui lui opposait son oncle, le cardinal de Bourbon [2]; l'étranger qu'il fallait chasser de France; la nécessité de conquérir son royaume, en risquant sa vie chaque jour ! Il triompha de tout, et fut roi. Avec Henri IV, aux Valois succédaient les Bourbons.

Et maintenant, pour quitter le Bourbonnais et rentrer dans le Clermontois, dont nous ne sortirons plus jusqu'à la fin de ce travail, je ne puis mieux faire que de rapporter ici une vieille légende du Bourbonnais, relative à ces grands événements historiques. Je l'emprunte à Dreux du Radier, qui s'exprime ainsi : « J'ai lu dans l'extrait d'un mémoire de la généralité du Bourbonnois, fait par ordre de M. le duc de

---

1. Sur la question du droit successoral d'Henri IV, on peut encore consulter avec fruit le vieil ouvrage, que j'ai déjà cité, des frères SAINTE-MARTHE, *Histoire généalogique d la Maison de France*.

2. Voir ci-après, Note VIII.

Bourgogne, par l'Intendant de cette généralité en 1618, que, le jour qu'Henri III fut assassiné à Saint-Cloud, la foudre tomba sur la Sainte Chapelle du château de Bourbon-l'Archambault, fondée par les seigneurs de Bourbon, dont la branche de nos Roys régnante n'a pas dédaigné le nom, et qu'elle n'y fit d'autre mal que d'ôter du milieu de l'écu des armes de Bourbon, qui étaient peintes sur une des vitres, le bâton de gueules qui en fait la brisure et la distinction d'avec les pleines armes de France; comme si le ciel par ce prodige eût voulu annoncer la fin du règne de la branche de Valois, dont Henri III était le dernier prince, et le commencement de la branche de Bourbon, dont Henri IV était le chef et légitime successeur de la couronne, qu'il a portée et transmise à la maison de Bourbon [1]. »

Je n'ai pas à raconter le règne d'Henri IV. Je dois seulement noter quelques faits intéressant particulièrement le comté, dont Henri IV, en tant que roi de France, est devenu suzerain, et qui aura pour possesseurs, tout le temps de son règne (comme successeurs de ceux à qui les Valois l'ont aliéné), Charles de Lorraine, dont j'ai parlé, et ensuite son fils.

En août 1589, Henri de Navarre, conduisant le corps d'Henri III à Compiègne, demanda à traverser la ville. Le gouverneur s'y étant opposé, les troupes royales pillèrent les environs et attaquèrent le château, qui fut obligé de se rendre.

Le 1er mars 1590, le duc de Mayenne, joint aux ligueurs beauvaisiens, vint lui faire subir un nouveau siège. Il avait

---

1. DREUX DU RADIER, *Tablettes historiques et anecdotes des rois de France, depuis Pharamond jusqu'à Louis XV*, Paris, 1766. L'auteur ajoute : « On a observé aussi que le jour de la naissance d'Henri fut le jour de la mort de François de Guise, tué par Poltrot. »

établi son quartier général à Ronquerolles. La garnison capitula et les environs furent encore livrés au pillage.

Au mois de septembre suivant, Henri IV s'empara de nouveau de la ville, qui fut pillée, et du château.

Le 20 octobre, les ligueurs de Beauvais, sous la conduite de Sesseval, tentèrent de la reprendre par escalade. Repoussés, ils pillèrent le faubourg Saint-Laurent et se retirèrent emmenant des prisonniers et rapportant une enseigne sur laquelle étaient écrits ces mots : *Pro Christo et Henrico*; cette enseigne fut suspendue comme trophée dans la cathédrale de Beauvais.

Au mois de novembre de la même année, Sesseval se rendit maître du château de la Neuville-en-Hez, qui fut repris deux mois après par les troupes royales, commandées par Henri IV en personne. Le roi, en cette circonstance, séjourna au château de Bulles, où la tradition rapporte qu'il dégustait avec plaisir les vins des coteaux clermontois.

En 1592, il habita Clermont à deux reprises : une fois au mois de juin ; une seconde fois, au commencement de décembre, en revenant de Gournay-sur-Aronde.

Plus tard, la Ligue vaincue[1] et la paix faite, le roi devait aimer cette contrée, qui avait été le berceau de sa race, où sa fortune avait pris naissance, (comme il disait lui-même en parlant de Senlis), où il avait porté les armes avec bonheur, où il se plaisait à revenir, soit en souverain débonnaire, pour rendre visite, à Montataire, à son ancien compagnon d'armes Jean de Madaillan, soit en amoureux, pour séjourner à Verneuil, près de Creil, chez la marquise d'Entraigues.

---

1. Sur toute cette époque, consulter DUPONT-WHITE, *la Ligue à Beauvais*, Paris, 1846.

Il protégea les lettres à Clermont, puisque l'on peut parler de lettres à Clermont avec des hommes tels que Charondas et La Roque. A Charondas, il accorda une somme de deux mille écus et, plus tard, l'anoblissement pour lui et sa famille, et il l'investit de fonctions de confiance. De La Roque, il reçut plusieurs fois des hommages poétiques :

> Henry, la fleur des Rois, le premier de la terre,
> Aussi doux et clément que superbe vainqueur,
> Qui de tout l'univers fera trembler le cœur,
> Comme tremblent les monts au seul bruit du tonnerre....

Henri IV mourut en 1610. Cette année même, François II, comte de Vaudemont, troisième fils de Charles II, duc de Lorraine, vendait le comté de Clermont à Henri de Bourbon, prince de Condé. Chose curieuse, à la fin de cette étude sur les sires de Bourbon et le comté de Clermont, nous retrouvons ainsi ce nom de Bourbon, qui avait subi une éclipse dans notre récit. Le Bourbonnais, confisqué sur le connétable, dernier représentant de la branche aînée des sires de Bourbon, devait rester définitivement acquis à la couronne. Le Clermontois fut l'objet de diverses aliénations ou sous-aliénations par celle-ci. Quatre-vingts ans après la confiscation générale des biens du connétable, un des représentants de la branche cadette rachetait Clermont, comme s'il avait eu à cœur de reconstituer, pour une partie au moins, le patrimoine de sa famille.

CHAPITRE VI

UNE EXCURSION DANS LE CLERMONTOIS

Je ne décris pas le Clermontois. J'ai tracé ailleurs un itinéraire rapide des vallées du Thérain et de la Brêche[1]. Je voudrais faire de même à présent pour d'autres régions de l'ancien comté de Clermont, de façon à jeter un dernier coup d'œil sur une contrée qui m'est chère, en complétant ce que j'en ai déjà dit.

Je veux aussi réparer deux omissions. J'ai oublié, à propos de Clermont, de rappeler un écrivain qui y est né, et j'ai oublié, à propos de la Brêche, de parler de son affluent l'Arée.

Guibert de Nogent naquit, en 1053, à Clermont ou, si l'on veut, à Agnetz-sous-Clermont, ce qui est la même chose, et non pas à Beauvais, comme on le prétend quelquefois. Il est même singulier qu'on ait pu faire erreur sur ce point, où nous avons le témoignage de Guibert lui-même; il dit à propos d'une relique : « *Brachium beati Arnulfi martyris in oppido unde eram oriundus habebatur*[2]... » Or, c'est à la collégiale de Clermont qu'était conservé le bras de saint Arnoul. Il parle aussi d'un jeune frère, qui était chevalier

---

1. *Clermontois et Beauvaisis*, p. 173-190.
2. *De vita sua*, III, 19.

et citoyen de la ville de Clermont : « *Adolescentulus frater meus, et municeps Claromontis castri*[1]. » Il était, en effet, de famille noble. Il embrassa la vie ecclésiastique dans la célèbre abbaye bénédictine de Saint-Germer, près Beauvais ; par la suite, il fut abbé de Sainte-Marie de Nogent-sous-Coucy, d'où son nom de Guibert de Nogent. Il mourut en 1124. Il a laissé divers écrits. Je ne parle que pour mémoire de traités sur les reliques et les miracles. Mais deux ouvrages doivent retenir notre attention. C'est d'abord *De vita sua sive Monodiarum* [?] *libri III*, autobiographie qui contient des détails très intéressants pour l'histoire du temps et pour l'histoire locale. Certaines pages consacrées aux souvenirs d'enfance de l'auteur et à la mémoire de sa mère, dont il parle avec effusion, ont fait dire que le livre rappelle les Confessions de saint Augustin. Ce n'est pas un éloge banal, et Guibert, si l'on veut, n'en est pas tout à fait indigne, mais encore à la condition qu'on n'oublie pas ce qu'un tel éloge a forcément de disproportionné. Enfin Guibert a écrit une histoire de la première Croisade, qui est un ouvrage très estimé[2]. Il se vante de n'avoir suivi que des témoignages dignes de foi : « *Siquidem ea, quae scripsi vel scripsero, a viris veritatis testimonio praeditis constat audisse*[3]. » Il intitulait son récit *Gesta Dei per Francos*, titre sans prétention, disait-il, « *nomen autem indidi quod arrogantia careat*[4] », noble expression, en réalité, qui, reprise par

---

1. *De vita sua*, I, 7.
2. Traduit dans la *Collection des Mémoires relatifs à l'histoire de France*, de Guizot. Cf. Ch. Thurot, *Étude sur Guibert de Nogent*, dans la *Revue historique*, 1876, t. II, p. 104-111.
3. *Gesta Dei per Francos*, IV, 1.
4. *Ibid.*, Préface.

ANCIENNE CARTE DU CLERMONTOIS

D'après P. Mariette (1646)

Bongars, est devenue en quelque sorte proverbiale : on oublie trop qu'elle a pour auteur notre compatriote.

L'Arée n'a pas beaucoup occupé les géographes. C'est un mince cours d'eau, aussi peu important peut-être que cette Voulzie, dont le Champenois Hégésippe Moreau a chanté l'obscurité. Mais l'Arée nous intéresse parce qu'elle traverse le parc de Fitz-James et l'ancien domaine du duché-pairie, parce qu'elle arrose la prairie qui a remplacé l'ancien étang de Crécy, et surtout parce qu'elle vient du village d'Airion. Et ce simple hameau, caché dans un pli de l'étroite vallée, non loin de la ferme de Cohen (un écart de la commune d'Étouy), ne doit pas passer inaperçu. Airion conserve dans sa modeste église un retable en bois sculpté (xve siècle), qui fait l'admiration des connaisseurs, et Airion, au temps de la Renaissance, a eu son poète !

Il s'appelait Raoul Adrien[1]. Né à Beauvais en 1561, il vint jeune à Paris, étudia les lettres avec Dorat et Passerat, connut et admira Ronsard, suivit ensuite à Bourges les leçons de Cujas, fut quelque temps, à Paris, avocat au Parlement, puis revint se fixer dans sa ville natale, où il exerça diverses fonctions, et s'occupa toute sa vie de droit et de littérature. Il mourut en 1626. Il avait fait imprimer à Paris, en 1610, chez Gilles Robinot, un poème intitulé : *L'Hymne d'Arion à Monseigneur le Dauphin, par le sieur d'Arion.* Il était donc seigneur d'Airion, qui avait dû lui être inféodé par les Warty, seigneurs suzerains de toute cette contrée.

1. Voir, sur ce personnage à peu près inconnu, une notice curieuse et composée sur des documents inédits, par M. L. VUILHORGNE, dans les *Mémoires de la Société académique de l'Oise,* t. XVII, 2ᵐᵉ partie.

L'*Hymne* est un long récit, en 844 vers alexandrins, de l'aventure du poète grec Arion qui, jeté dans les flots par les marins, fut recueilli et sauvé par un dauphin. Arion et le dauphin, Airion et le Dauphin, ces hommes de Renaissance avaient décidément beaucoup d'esprit[1]! Au reste, l'amplification d'Adrien n'a aucun intérêt ni aucun mérite. C'est la poésie d'un disciple attardé de la Pléiade, mais d'un de ces disciples qui ramèneraient une école à son berceau. Eh bien! tel était le goût de l'antiquité à cette époque que ce délayage d'Ovide[2] eut un grand succès, et que le précepteur du Dauphin lui faisait apprendre par cœur l'*Hymne d'Arion*[3]. Pauvre Dauphin! Il est vrai qu'il pouvait y lire son éloge, et, par prétérition, celui du roi, son père :

> Quiconque aura la Muse et le Ciel favorable,
> Pour faire de nos jours un œuvre mémorable,
> Il doit chanter Henry, car un vers annobly
> D'un si beau nom dédaigne et la Parque et l'oubly...
> Il pourra surmonter en une Henriade
> Virgile en l'Énéide, Homère en l'Iliade....

Remarquons en passant cette expression d'Henriade qui a quelque chose de prophétique. Pour Adrien, « son vol n'est pas si haut », et il se contente de chanter « le dauphin », ce qui, mythologie à part, n'est flatteur que si l'on veut pour le Dauphin :

> Enfant nay d'un bon père et d'une heureuse race,
> Que dessus toy le Ciel a répandu de grâce !

---

1. D'autant plus qu'on disait aussi *Arion* pour *Airion* : le nom vient d'Arée.
2. Ovide, *Fast*, II, 83-118.
3. Veilhorgne, *op. cit.*

Et, pour finir :

> Dauphin, je vous salue, ô Dauphin, mon soucy,
> D'Arion vous souvienne, et de sa lyre aussi.

Le Dauphin, cette même année, devint Louis XIII. Et nous retrouvons encore un autre souvenir de lui à Airion. Je me rappelle avoir entendu dans mon enfance rapporter une tradition locale d'après laquelle les arbres séculaires qui ombrageaient l'église auraient été plantés lors du *Vœu de Louis XIII*, c'est-à dire lors de la consécration de la France à la Sainte Vierge par le roi, en 1638.

Il nous reste à présent à reprendre notre voyage là où nous avons terminé notre précédent itinéraire, c'est-à-dire à *Creil*, où l'Oise reçoit le Thérain et la Brèche, et qui peut se prévaloir aussi de souvenirs historiques. C'est à Creil, et non à Clermont, comme on l'a cru trop longtemps à tort[1], que Charles le Bel est né au mois de juin 1294. Le château, réédifié par Charles V, fut habité par Charles VI. On en voit encore quelques ruines.

Et, partant de Creil, remontons maintenant le cours de l'Oise.

Dépassons, à droite, *Verneuil*, qui fut érigé en marquisat par Henri IV pour Henriette d'Entraigues, et en duché-pairie par Louis XIV pour un fils d'Henriette et d'Henri IV. Voici *Pont-Sainte-Maxence*. Nous devons ici rappeler le nom d'un vieux poète très peu connu du xiie siècle, Garnier, qui a laissé

---

1. Voir, sur ce point, E. LAURAIN, *Trois naissances illustres : Saint Louis, Charles IV, Fernel*, Paris, 1900.

une longue chronique rimée (près de 6000 vers en stances de cinq vers monorimes) sur *la Vie de saint Thomas le Martyr*, c'est-à-dire de saint Thomas de Cantorbéry[1].

Garnier nous instruit lui-même du lieu de sa naissance. Il dit, à la fin de son poème :

> Guarniers li clercs del Punt fine-ci sun sermun
> Del martir saint Thomas et de sa passiun....

et il se vante de donner, en sa qualité de Picard, une œuvre bien écrite :

> Mis languages est buens, car en France fui nez,

en France, c'est-à-dire dans l'Ile de France, où la langue était plus pure que dans les autres provinces. Contemporain de Thomas Becket, Garnier a composé son poème de 1172 à 1176, en s'entourant des renseignements les plus dignes de foi :

> L'an secund que li Sainz fu en l'iglise ocis,
> Comenchai cest roman, et mult m'en entremis ;
> Des privez saint Thomas la vérité apris ;
> Meinte fez en ostai ço que jo ains escris,
> Pour oster la mençunge, et al quart, fin i mis.

Au reste, Garnier avait pu voir l'archevêque lorsque celui-ci se réfugia en France, en 1164, et passa, comme Garnier prend soin de le rappeler, à Scissuns (Soissons) et à Con-

---

1. Voir C. Hippeau, *la Vie de saint Thomas le Martyr, archevêque de Canterbury, par Garnier de Pont-Sainte-Maxence*, Paris, 1859 ; E. Etienne, *la Vie de saint Thomas le Martir, Poème historique du xiie siècle, composé par Garnier de Pont-Sainte-Maxence*, Nancy, 1883.

peigne (Compiègne). Il se rendit aussi dans le Valois, à Crépy, où il fut reçu par Philippe d'Alsace, comte de Flandre, et Élisabeth, dame du Valois, sa femme, qui, plus tard, après la canonisation de l'archevêque, placèrent sous le vocable de saint Thomas l'église qu'ils étaient en train de construire lors de sa visite, et dont on voit encore les belles ruines.

Garnier fut enterré au *Moncel*, localité située au nord de Pont-Sainte-Maxence, et qui en fait aujourd'hui partie (étymologie : *mons cellæ*, la montagne du monastère)[1]. C'est là que Philippe de Beaumanoir a passé les dernières années de sa vie et qu'il mourut, le 7 janvier 1296. Sa veuve, Mabille de Boves, continua à y résider. De son vivant, Philippe le Bel acheta le Moncel, et y fonda un monastère.

En face du Moncel, de l'autre côté de l'Oise (sur la rive droite, par conséquent, de la rivière), c'est *Villette*. Ici encore, les souvenirs ne manquent pas. A la prise de Chartres, Henri IV s'enquérait du nom des premiers soldats qui avaient monté à l'assaut. Plusieurs s'appelaient Villette. « Toujours Villette! s'écria le roi. — Oui, Sire, repartit l'un d'eux, toujours Villette, toujours fidèle! — Ce sera votre devise », reprit Henri IV en leur conférant sur-le-champ la noblesse. Le personnage le plus connu de cette famille, le marquis de Villette, doit moins sa réputation à ses mérites qu'aux éloges indulgents de Voltaire, qui lui témoigna toujours une véritable affection, et lui fit épouser celle qu'il n'appelait jamais que *Belle et bonne*. Le marquis a célébré les charmes de son domaine. « C'est ici, dit-il, que l'on est dans la maison des champs; c'est ici que l'on éprouve de ces moments de calme et de sérénité où l'âme jouit en extase de tout

---

1. *Cella* signifiait fréquemment monastère ou abbaye. Voir Du Cange, v° *Cella*.

le plaisir de l'existence.... Des routes dont l'art est caché, des gazons frais, une rivière limpide, traversée par des ponts rustiques, semée d'îles et d'ombrages.... Çà et là, des troupeaux qui vont, viennent.... Ici une jolie ville, étalée au fond du paysage (Pont-Sainte-Maxence); là, sur les bords de l'Oise, le couvent du Moncel. Plus loin, de hautes collines couvertes de hameaux et couronnées de la belle forêt de Hallatte; enfin l'horizon terminé par le prieuré de Saint-Christophe. »

Le marquis a chanté aussi les ruines du château de Verneuil :

> Restes de ce palais à l'amour consacré
> Par le plus grand des Rois que la France vénère,
> Tout peint dans vos débris un monarque adoré[1].....

Ce pays, auquel nous arrivons ensuite, c'est *Longueil-Sainte-Marie*, et cette statue, qu'on a édifiée il y a peu d'années au milieu du village, c'est celle du Grand-Ferret, le héros picard du xiv⁰ siècle. C'est ici qu'il accomplit ses derniers exploits et tomba sous les coups des Anglais. Il était né de l'autre côté de l'Oise, à *Verberie.* Verberie est un pays déchu. Il y eut une résidence royale, où mourut Charles-Martel, et dont il ne reste plus aucun vestige, et il s'y tint, aux viii⁰ et ix⁰ siècles, plusieurs conciles. On parle encore, dans la Picardie, des *sautriaux* de Verberie. « Les enfants de ce pays, disait un historien local, sont habitués à se laisser rouler du haut d'une petite montagne, en agençant la tête et les jambes, de manière à former une espèce de boule; on les appelle *sautriaux*. Quelquefois deux sautriaux s'entrelacent les bras et les jambes et exécutent la même manœuvre.

1. Mⁱˢ de Villette, *OEuvres*, Édimbourg (Paris), 1786.

Depuis un temps immémorial, les *sautriaux* de Verberie étaient inscrits sur l'état des menus plaisirs du roi. Leur renommée engendra des imitateurs sur divers points de la France et jusqu'en Provence[1]. »

De Verberie à *Venette* (sur la rive droite de l'Oise), la distance n'est pas grande, et Venette va encore évoquer pour nous le Grand-Ferret. C'est là que naquit l'historien qui a relaté ses prouesses, Jean de Venette (1307-1369), le continuateur de Guillaume de Nangis. Nous avons sur ce point son propre témoignage : « *Villa de qua natus eram, quae Veneta, juxta Compendium, dicitur.* » *Compendium*, c'est Compiègne.

Compiègne a vu des événements considérables ; son nom est un de ceux qui reviennent fréquemment dans l'histoire de France. C'est là, pour citer un seul fait parmi ceux qu'il rappelle, que Jeanne d'Arc est tombée au pouvoir des Anglais. On peut chercher sur place l'endroit même où s'est accompli l'événement ; il est indiqué avec assez de précision dans les écritures du procès de la sainte. « Près du boulevard fut prinse, et estant la rivière entre Compiègne et le lieu où elle fut prinse ; et n'y avait seulement entre lieu où elle fut prinse que la rivière, le boulevard et le fossé du boulevard[2]. »

Si maintenant nous continuions à remonter le cours de l'Oise, nous ne tarderions pas, après avoir salué les ruines

---

1. Carlier, *Histoire du Valois*, Paris, 1764. Il faut noter ici, près de Verberie, le donjon et le château de *Saintines*, dont fut seigneur le jurisconsulte Pierre de Cuignières, conseiller de Philippe VI de Valois. Comme avocat du roi, il a joué un grand rôle en 1229, dans le conflit relatif aux juridictions civiles et ecclésiastiques.

2. Interrogatoire du 10 mars 1430.

de l'abbaye cistercienne d'*Ourscamp*, à apercevoir la petite
ville de *Noyon*, le Noviomagus romain, la vieille cité carolingienne, *la bien sonnée, la bien chantée, la sainte*[1], Noyon
célèbre à tant de titres, par le couronnement de Charlemagne,
par l'avènement d'Hugues Capet, par la naissance de Calvin,
par le siège qu'Henri IV lui fit subir. Mais résistons
au désir d'étendre de ce côté notre promenade, et nous en
serons dédommagés si, contournant le mont Ganelon, dont
le nom a une saveur toute carolingienne, nous nous enga-
geons à gauche dans la vallée de l'Aronde. Cette petite
rivière, qui prend naissance à *Montiers* et passe ensuite à
Neufvy, traverse, avant de mêler ses eaux à celles de l'Oise
au pied du mont Ganelon, deux pays qui méritent que nous
en fassions mention, *Gournay* et *Remy*. A Remy, se trouve la
ferme de Beaumanoir, l'ancien fief du célèbre jurisconsulte
du xiiie siècle, Philippe de Remy de Beaumanoir. A Remy
naquit un des meilleurs poètes latins du xviie siècle, Abraham
de Remi, ou Remmius, de son vrai nom Ravaud (1600-
1646). Il professa l'éloquence au collège Royal. Il a laissé un
poème épique sur les guerres de Louis XIII, intitulé *Borbo-
nias*, et un autre, intitulé *Maesonium*, sur le château de
Maisons, près Saint-Germain (aujourd'hui Maisons-Laffitte).
Je le répète : ces deux ouvrages, tous deux fort rares, sont
d'une latinité exquise et pleine d'esprit. Mais qui s'intéresse
encore à cette littérature surannée? Quant à Gournay-sur-
Aronde (en amont de Remy), ce village, très ancien puisqu'il
est déjà mentionné dans les lettres patentes de 1269, est le
pays de Mademoiselle de Gournay, la *fille d'alliance* de Mon-

---

1. L'abbé J. Corblet, *Glossaire étymologique et comparatif du patois
picard...*, Paris, 1851, p. 197.

taigne[1]. Celui-ci vint à Gournay. « Lequel, faisant en l'an 1588 un long séjour en la ville de Paris, elle [Marie de Gournay] le vint exprès visiter pour le cognoistre de face, mesmes que la damoiselle de Gournay, sa mère, et elle le menèrent en leur maison de Gournay, où il séjourna trois mois en deux ou trois voyages avec tous les honnêtes accueils que l'on pourroit souhaiter[2] ». Henri IV passa plusieurs fois par Gournay, notamment en juin et décembre 1592. Un dernier souvenir de ce coin du comté de Clermont : près de Gournay est la petite ville de *Ressons-sur-le-Matz*; c'est là qu'est né Antoine de Mouchy, qui prit le nom de Démocharès. Chanoine et pénitencier de Noyon, Inquisiteur de la foi en France, il fut l'adversaire le plus acharné des calvinistes. L'histoire signale sa présence au concile de Trente et au colloque de Poissy.

J'ai tenu, dans ce qui précède, à me renfermer rigoureusement dans les limites de l'ancien comté de Clermont. Si j'avais voulu les dépasser, même très discrètement, même pour ne visiter que des pays dont le nom, à raison du voisinage, est à chaque instant prononcé dans l'histoire du comté, que de choses n'aurais-je pas eu à ajouter à celles que je viens de dire ! Chaque localité de ce coin de France apporte sa contribution à l'histoire nationale ou littéraire. Voyez, sur la carte, la contrée que nous venons de parcourir et ses alentours. Si, de Noyon, au nord, à Chantilly, au sud, nous menons un arc de cercle sur la droite des divers pays dont je

1. MONTAIGNE, *Essais*, II, 17, *in fine*.
2. PASQUIER, *Lettres*, t. II, liv. XVIII, lettre 1.

viens de parler sommairement, c'est une moisson de souvenirs que ce nouveau trajet va nous faire récolter à chaque pas. Quelques noms seulement au passage : *Cuts*, où est né Ramus ; — *Carlepont*, l'ancienne résidence des évêques-comtes de Noyon ; — *Pierrefonds*, avec son superbe château, construit par Louis d'Orléans, restauré de nos jours ; — *Champlieu*, où l'on a exhumé des ruines romaines importantes ; — *Morienval*, séjour préféré de Dagobert et de Charles le Chauve ; — *Crépy*, qui a vu les chevauchées de la cour des Valois ; — *Montépilloy*, dont les débris vénérables ont vu toutes les guerres du moyen âge et les guerres de religion ; — *Senlis*, l'ancienne capitale de la tribu des Silvanectes, l'ancienne résidence des rois des deux premières races, prise par le duc de Bourgogne, par Charles VII, par les ligueurs et par les troupes royales ; — *Chaâlis*, où des cardinaux de la maison d'Este ont donné l'hospitalité au Tasse, qui y a écrit un chant de la *Jérusalem* ; — *Ermenonville* ; la tour de la Belle-Gabrielle, la tombe du fidèle de Vic, le monument de Jean-Jacques Rousseau ; deux sépultures, deux symboles : le dévouement au roi dans ce qu'il avait de plus aveugle, et l'esprit de critique et de discussion dans ce qu'il a eu peut-être de plus funeste à la royauté ; — *Mortefontaine*, la propriété aux belles eaux, qui a appartenu au XVI⁰ siècle à François Hotman, au siècle dernier à Joseph Bonaparte ; — *Royaumont*, fameuse abbaye dont Saint Louis venait visiter le prieur, Vincent de Beauvais, l'auteur du *Speculum majus*, si remarquable pour l'époque ; — *Coye*, où s'est éteint Alexandre Andryane, le compagnon de captivité de Silvio Pellico ; — et enfin, *Chantilly*, qui nous ramène tout près de Creil. notre point de départ.

Mais Chantilly réclame une place à part dans cette énumération, et pour son importance, et parce que son histoire se rattache à celle même du comté de Clermont. Nous avons vu à la fin du chapitre précédent qu'en 1610, Henri II de Condé avait acquis le comté de Clermont. A ce lambeau encore important de l'opulente fortune de son cousin de la branche aînée le connétable de Bourbon, son mariage avec l'héritière des Montmorency lui fit ajouter Chantilly en 1632. Je n'ai pas à rappeler de quelles splendeurs, dignes de l'éloquence d'un Bossuet, Chantilly a été le théâtre sous les Condés. Au décès du dernier de ceux-ci, le domaine échut par testament à un noble prince, qui l'a embelli et laissé à la France. Et, après le nom des Condés, on aime à écrire ici celui du duc d'Aumale, leur successeur, leur héritier, leur historien et leur émule.

NOTES

NOTE 1

(PAGE 5)

LETTRES PATENTES PORTANT ASSIGNATION DU COMTÉ DE CLERMONT, A TITRE D'APANAGE, AU PROFIT DE ROBERT, FILS DE SAINT LOUIS

« LOYS, par la grâce de Dieu, Roy des Frans.

« Nous faisons chose cognue tant aux présens comme à venir, que nous à Robert notre fil, et à ses hoirs de son corps, donnons et assignons ces choses que dessous sont dénotées après notre décès à tenir et possessier :

« C'est à scavoir notre chastel de Clermont, avec toutes ses appartenances, la Neuville en Ilès, la forest et les appartenances d'icelle, Creelg [Creil], avec toutes les appartenances; Sachy [le Grand] avec toutes ses appartenances; Crecey avec toutes ses appartenances, et tout ce que nous avons à Gournay sur Aronde, et quelcunques autres choses que nous avons et possessons en la comté de Clermont en seux que tout Remy et Méri avec les appartenances, fiefs, et domaines, et quelcunques autres choses que nous avons illeuc.

« Et toutes ces choses devant dites y cil Robert et si hoirs tenrent en fié et hommage lige de nous Roy des Frans, et de ce seront tenu rendre service dehuz à yceux; des choses toutes voyes que li comte de Clermont ont tenu ou devront tenir des évêques de Beauvais et de l'abbé de Sainct Denys, sont tenu tant ycieux notre fieux, comme le hoir, faire hommage à l'évesque et abbé qui auront esté pour le temps.

« Adecertes cette donation et assignation nous faisons sans les dons, fiez et aumosnes, données et ottroyées jusques oi oreslieux et terre devant dit, et sauves donations et restitutions, si aucunes en avons fait ou avons ordonnée estre fait à yceux et sauf adecertes et tout le d'roit d'autruy.

« Et si il aura par avanture icelui nostre fil, ou l'oir, ou les hoirs morir sans hoirs de son corps, toutes les choses devant dites retourneront franchement à notre hoir ou successeur, que pour le temps aura tenu le royaume. Que ce soit tenu ferme et estable et permanent à tous jours, nous avons fait garnir ces lettres par l'impression de nostre scel.

« Fait à Paris, l'an du Seigneur 1629, au mois de mars. »

NOTE II

(PAGE 8)

BOURBON-L'ARCHAMBAULT

J'ai dit ailleurs[1] d'où vient le nom de Bourbon, nom de pays qui fut d'abord celui d'une divinité topique, *Borvo* ou *Borbo*. Les seigneurs qui devaient plus tard donner à ce nom tant d'illustration l'avaient emprunté à leur résidence; en retour, l'un d'eux donna à la ville son prénom d'Archambault, d'où le nom de Bourbon-l'Archambault, qu'elle porte encore.

« De son passé de petite capitale féodale, dit M. Emile Montégut, il ne reste à Bourbon que les débris du château des ducs », la tour *Quinquengrogne*, et trois tours rondes reliées entre elles par un ouvrage de maçonnerie. « Ces quelques ruines, qui éveillent le sentiment d'une robuste élégance, suffisent amplement pour faire comprendre quelles étaient la beauté et la force de cet édifice, qui fut reconstruit, rajeuni et agrandi à la belle époque de l'architecture militaire féodale, c'est-à-dire aux xive et xve siècles. Elles faisaient partie de l'héritage du dernier prince de Condé; M. le duc d'Aumale en est donc le propriétaire actuel[2] ». La vue que nous en reproduisons ici montre l'état de délabrement dans lequel elles se trouvaient déjà au commencement du xviiie siècle.

Il ne reste à Bourbon-l'Archambault, pour la consoler de la perte de son ancienne splendeur, que ses eaux thermales, dont la

---

1. *Clermontois et Beauvaisis*, p. 210-213.
2. E. Montégut, *En Bourbonnais et en Forez*, Paris, 1875, p. 104-106. Cf. plusieurs articles de MM. Gélis-Didot et G. Grassoreille, sur *Le château de Bourbon-l'Archambault*, dans la *Revue bourbonnaise*, année 1887.

réputation date de loin. Elles étaient très fréquentées au grand siècle. Madame de Montespan y séjourna en 1676[1], y retourna plusieurs fois, et y mourut en 1707. D'après Saint-Simon, elle s'y rendait pour des maladies imaginaires[2], et les fameuses *Clefs* de l'époque prétendent que c'est elle que La Bruyère aurait eue en vue

Ancien Château de Bourbon l'Archambault en 1731.

en traçant le portrait : « Irène se transporte à grands frais en Epidaure....[3] » On avait ordonné à Madame de Sévigné, en 1676, une cure à Bourbon, pour une attaque de rhumatisme, mais elle préféra Vichy, précisément pour éviter le voisinage de la Montespan. Plus tard, en septembre 1687, elle vint à Bourbon, et se

1. Voir les *Lettres* de Mme DE SÉVIGNÉ, éd. des *Grands Écrivains de la France*, t. IV, p. 398-483, *passim*.
2. *Journal* de DANGEAU, t. XI, p. 381, note de SAINT-SIMON.
3. LA BRUYÈRE, *De l'Homme*.

trouva bien du traitement. Elle nous donne elle-même des détails sur ce point, avec cette liberté et cette précision qu'on apportait à cette époque, dans les questions de santé; elle écrivait à sa fille, en parlant des eaux : « Elles sont douces, et gracieuses, et fondantes; elles ne pèsent point : j'en fus étonnée et gonflée le premier jour; mais, aujourd'hui, je suis gaillarde; on les rend de tous les côtés.... [1] »

Elles réussirent moins à Boileau. Il s'était rendu à Bourbon, au mois d'août de cette même année 1687, pour soigner une extinction de voix dont il était très affecté, et n'éprouva aucun soulagement. Cela avait bien commencé. En se félicitant des effets de son premier bain, il écrivait à Racine : « J'en suis sorti beaucoup en meilleur état que je n'y étois entré, c'est-à-dire la poitrine beaucoup plus dégagée, les jambes plus légères, l'esprit plus gai; et même, mon laquais m'ayant demandé quelque chose, je lui ai répondu un *non* à pleine voix, qui l'a surpris lui-même, aussi bien qu'une servante qui étoit dans la chambre, et pour moi j'ai cru l'avoir prononcé par enchantement. » Hélas! ce fut une fausse joie, et Boileau revint aphone comme il était parti.

Il se vengea en poète par une épigramme : *A la fontaine de Bourbon, où l'auteur étoit allé prendre les eaux et où il trouva un poète médiocre qui lui montra des vers de sa façon :*

> Oui, vous pouvez chasser l'humeur apoplectique,
> Rendre le mouvement au corps paralytique,
> Et guérir tous les maux les plus invétérés;
> Mais quand je lis ces vers par votre onde inspirés,
> Il me paroît, admirable fontaine,
> Que vous n'eûtes jamais la vertu d'Hippocrène.

1. Mme DE SÉVIGNÉ, éd. citée, t. VIII, p. 105; Cf. p. 108, 125, 128, 129.
2. RACINE, *OEuvres*, éd. des *Grands Écrivains de la France*, t. VI, p. 594.

NOTE III

(PAGE 13)

LE BLASON DES BOURBONS

Le blason des Bourbons consistait originairement, comme celui
des rois de France, en un semis de fleurs de lis d'or sans nombre
sur fond d'azur, mais avec la brisure indiquant la branche cadette;
le tout surmonté de la couronne ducale.

Edouard d'Angleterre ayant usurpé ces armes, le roi de France
et Louis de Bourbon les modifièrent et ne mirent plus sur leur
blason que trois fleurs de lis d'or, deux et une.

Les Bourbons avaient pour devise : *Valeur et Bonté*, devise
dont Massillon faisait le commentaire dans l'oraison funèbre du
dauphin, fils de Louis XV, en disant : « Le plus grand éloge d'un
prince, c'est d'être bon, et les seules louanges que le cœur donne
sont celles que la bonté s'attire. La valeur toujours seule ne fait que
la gloire du souverain, la bonté fait le bonheur de ses peuples[1]. »

1. Cf. tout le passage de Bossuet, *Oraison funèbre du grand Condé* : « Loin
de nous les héros sans humanité.... »

A partir du xviie siècle, la ville de Clermont a pris les trois fleurs de lis dans ses armes. Son blason est « de gueules à la tour d'or, au chef d'azur, chargé de trois fleurs de lis d'or, » à la devise : *Turri, liliis et natis fidelissima Roberti.*

NOTE IV

(PAGE 14)

LES PRÉTENTIONS DU ROI EDOUARD III

Edouard II, roi d'Angleterre, avait épousé Isabelle, fille de Philippe le Bel. Les trois fils de Philippe étant décédés sans postérité, Edouard III imagina de contester les droits de Philippe de Valois à la couronne de France. Au fond, ses prétentions étaient avant tout un artifice politique, un engin de guerre savamment machiné : il fallait qu'il pût attaquer la France avec le consentement de ses sujets[1].

En France même, il eut des partisans. Robert Gaguin rapporte dans son Histoire qu'un habitant de Compiègne, nommé Simon Poillet, fut condamné à mort pour avoir approuvé les prétentions d'Edouard, et exécuté. On ne plaisantait pas à cette époque avec les questions de cette nature.

C'est alors qu'Edouard adopta les armes de la maison de France. En même temps, il faisait répandre une sorte de manifeste en vers latins, dont Dreux du Radier rapporte la traduction :

> Je suis roi par double raison :
> Roi d'Angleterre en ma maison,
> Roi de France par Isabelle,
> Pourquoi de France j'écartèle.

Les choses en vinrent à ce point que les États s'assemblèrent à Senlis pour examiner les prétentions d'Edouard. Pendant qu'on

1. E. Déprez, *Les Préliminaires de la Guerre de Cent ans; la Papauté, la France et l'Angleterre*, Paris, 1902, ch. vi.

délibérait, l'évêque de Beauvais cita un passage de l'Évangile du jour : « *Videte lilia agri, quæ neque laborant, neque nent* », donnant à entendre par là que la couronne de France, symbolisée par les lis, ne devait pas tomber en quenouille. A ce rappel ingé·nieux de la loi salique, toute l'assemblée se prononça contre le roi d'Angleterre [1].

1. Dreux du Radier, *Tablettes historiques...*, t. I, p. 223.

NOTE V

(PAGE 6)

TABLEAU GÉNÉALOGIQUE DE LA MAISON DE BOURBON

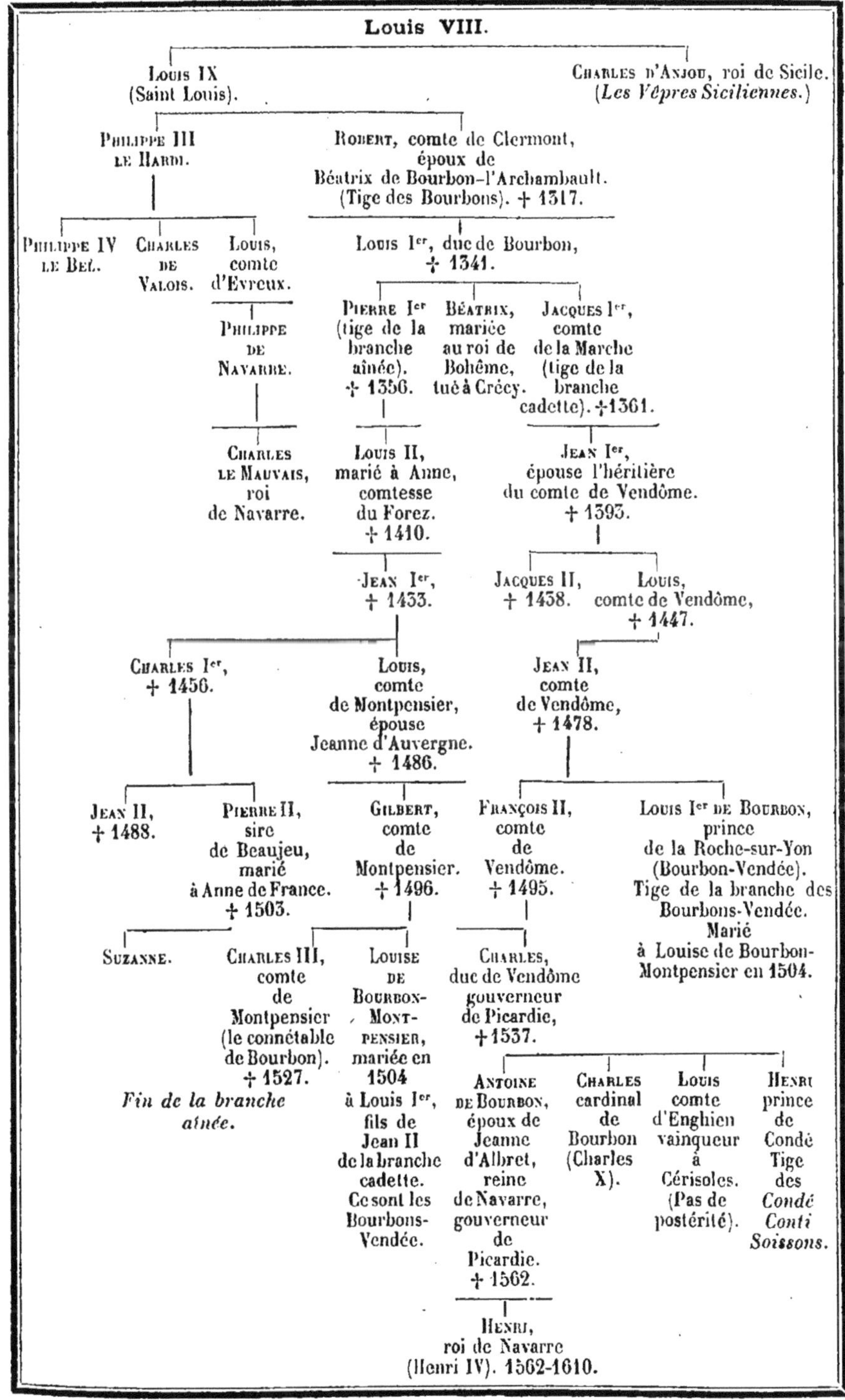

NOTE VI.

(PAGE 6)

TABLEAU GÉNÉALOGIQUE DE LA MAISON DE FRANCE

Louis VIII

- **Louis IX** (Saint Louis).
- **Alphonse,** comte de Poitiers.
- **Charles d'Anjou, roi de Sicile.** (*Les Vêpres Siciliennes.*)

Philippe III le Hardi. — **Robert, comte de Clermont.**

Philipppe IV le Bel. — **Charles de Valois.** *Tige des Valois directs.* — **Louis d'Évreux,** aïeul de Charles le Mauvais, roi de Navarre.

- **Louis X le Hutin.** **Philippe V le Long.** **Charles IV le Bel.** (+ 1328.) — Décédés sans enfants. *C'est la fin des Capétiens directs.*
- **Isabelle,** mariée à Edouard II, roi d'Angleterre.

Philippe VI de Valois. (1328-1350)

Jean II, le Bon.

- **Charles V le Sage.**
- **Louis d'Anjou** (Lorraine, Guise.)
- **Jean,** duc de Berry.
- **Philippe le Hardi.** *Tige de la maison de Bourgogne.* (Jean sans Peur, Philippe III, le Bon, Charles le Téméraire, etc.)

Charles VI. — **Louis d'Orléans,** époux de Valentine Visconti de Milan. (Tué rue Barbette.)

- **Charles VII.**
- **Charles d'Orléans.**
- **Louis d'Angoulême.**

Louis XI — **Louis XII (Louis d'Orléans)** (1498-1515). *Valois-Orléans,* épouse 1° Jeanne, fille de Louis XI, répudiée, 2° Anne de Bretagne, veuve de Charles VIII. Mort sans postérité. — **Charles d'Angoulême,** marié à Louise de Savoie.

Charles VIII, + 1498. Sans postérité. Marié à Anne de Bretagne. *Fin des Valois directs.*

- **François d'Angoulême** François Ier (1515-1547), épouse 1° Claude, fille de Louis XII, 2° Eléonore, sœur de Charles-Quint. *Valois-Angoulême.*
- **Marguerite** femme de Henri de Navarre, aïeule de Henri IV (l'Heptaméron). La Marguerite des Marguerites.

Henri II, marié à Catherine de Médicis. — **Marguerite,** mariée à Philibert-Emmanuel. (La protectrice de Grévin.)

| François II, marié à Marie de Lorraine (Marie Stuart). (Les Guises.) | Charles IX, duc d'Angoulême. | Henri III (Anjou, Pologne). (+ 1589). | Duc d'Alençon, puis d'Anjou, Sans postérité. | Marguerite, mariée à Henri IV. (Ses Mémoires.) | Élisabeth, mariée à Philippe II, roi d'Espagne. | Claude, épouse de Charles II duc de Lorraine. |

Tous trois sans postérité. *Fin des Valois.*

NOTE VII

(PAGE 33)

SUZANNE DE BOURBON

« Suzanne, dit Fontenay, devint la victime de son chagrin, occasionné par la mort de ses enfants et par les persécutions qu'on faisait éprouver au connétable. Elle avait toujours obtenu et mérité son estime et ses égards par sa douceur, sa modestie, son affabilité, sa tendresse pour un époux qui faisait sa gloire et son bonheur. »

Anne de France, sa mère, en avait fait une princesse accomplie. Nous possédons un curieux et précieux témoignage de sa sollicitude pour sa fille. Ce sont des *Enseignements* que la duchesse avait écrits pour l'instruction de Suzanne, à l'instar de Louis XI, son père, qui avait fait rédiger le *Rosier des guerres* pour son fils Charles VIII, et de Saint Louis, dont on connaît les *Enseignements à sa fille Isabelle*.

Le manuscrit des *Enseignements d'Anne de France* est conservé à la bibliothèque publique de Saint-Pétersbourg ; il a été édité en France assez récemment[1].

Sur la feuille de garde, Suzanne a écrit ces mots de sa propre main :

> *Se livre est à moy,* **Susanne de Bourbon,**
> *Et l'ey eu de la mezon de Borbon* [sic].

Au-dessous, d'une autre écriture, des vers manuscrits : c'est une déclaration amoureuse, qui a pour auteur apparemment le futur

---

1. *Les Enseignements d'Anne de France, duchesse de Bourbonnois et d'Auvergne, à sa fille Suzanne de Bourbon,* publiés par A.-M. Chazaud, Moulins, 1878.

connétable, le mari désigné de Suzanne (les *Enseignements* ont été rédigés en vue de son prochain mariage). Et quel autre aurait pu, à cette place, traiter un pareil sujet, en des vers qui, d'ailleurs, témoignent surtout, au point de vue poétique, de beaucoup de bonne volonté?

Les instructions de la duchesse à sa fille lui sont dictées, dit-elle, par « la parfaite amour naturelle » qu'elle a pour celle-ci. Elle lui recommande avant tout la piété, on s'en doute bien. Puis, la bonté ; nous savons que c'est une vertu des Bourbons : « Aussy, ma fille, vous devez, en allant de lieu en autre, quelque part que ce soit, saluer les simples gens et menu peuple gracieusement, en inclinant la teste devant eux, afin qu'ils n'aient occasion de mal penser de vous.... » Elle la met en garde contre l'orgueil et semble avoir eu un pressentiment des malheurs qui devaient la frapper un jour : « S'il advenait, ma fille, que par la grâce de Dieu, vous fussiez mariée en quelque bon et hault lieu, ou à seigneur de grant puissance, gardez-vous bien de trop vous énorguillir, ne eslever par outrecuidance.... *Car il n'est point si grant seigneur et puissant prince en 'ce misérable monde qui ait cause de soy orguillir, s'ilz congnoissent parfaictement les merveilleux dangiers et grans subjections où ils se trouvent incessamment sans repoz avoir.* »

Les *Enseignements* sont assez longs : devoirs envers Dieu et envers le monde, envers les supérieurs, les égaux, les inférieurs et envers soi-même, tout ce qui peut rentrer dans un ensemble complet de conseils d'éducation à l'usage d'une jeune femme est traité par la duchesse à la fois avec une minutie toute féminine (qui rend certains détails bien curieux) et avec la hauteur de vues qui atteste un esprit supérieur. C'est bien là l'œuvre de celle que Brantôme appelait une *maistresse femme*, Louis XI *la moins folle femme du monde*, et qui se montre à nous, dans cet opuscule d'une portée générale par sa solide sagesse, comme une Maintenon du xve siècle.

NOTE VIII

(page 46)

LE CARDINAL DE BOURBON

Le cardinal de Bourbon descendait de Charles, duc de Vendôme,
et était frère puîné d'Antoine de Bourbon, père de Henri de
Navarre[1].

« Les ligueurs, pour l'appeler à la couronne, dit Fontenay, se
fondaient non seulement sur ce que le roi de Navarre en était exclu
par l'hérésie, mais encore sur ce que le cardinal était plus proche
d'un degré du feu roi, et ils soutenaient, contre les maximes reçues
dans le royaume, que ce n'était pas *l'aînesse de la branche*, mais
la proximité du sang qui donnait le droit à la couronne. »

Cette prétention, d'après les dispositions de la loi salique, était
absolument insoutenable. Elle fut cependant approuvée par de
nombreux partisans.

Le cardinal, que les Guises appelaient *le grand duc de Bourbon*,
et les partisans de Henri de Navarre l'*Asne rouge*, eut la faiblesse
de se prêter aux projets ambitieux de ses partisans.

Les choses allèrent même si loin qu'il fut publiquement proclamé dans le Parlement de Paris le 21 novembre 1589, sous le
nom de Charles X. On battit monnaie en son nom, avec cette
inscription : *Carolus X, Dei gratia Francorum Rex Christianis-
simus.*

Un jour, Henri de Navarre, au rapport de Pierre de L'Estoile, lui
tint ce propos en riant : « Mon oncle, on dit ici qu'il y a des gens
qui vous veulent faire roy ; dites-leur qu'ils vous fassent pape : ce

1. Voir ci-dessus, Note V.

sera chose qui vous sera plus propice, et si, vous serez plus grand qu'eux et que tous les roys ensemble. »

Les prétentions du cardinal avaient été déclarées du vivant même de Henri III. Écoutons encore L'Estoile :

« Au commencement de septembre 1584, le roy s'alla ébattre à Gaillon[1], où étant il demanda au cardinal de Bourbon s'il luy diroit vérité sur ce qu'il luy demanderoit; à quoy ledit cardinal ayant répondu qu'ouy, pourvu qu'il la seut, Sa Majesté lui dit : Mon cousin, vous voyez que je n'ai pas de lignée et qu'apparemment je n'en auray point; si Dieu disposoit de moy aujourd'huy, la couronne tombe de droite ligne en votre maison; cela advenant, n'est-il pas vray que vous voudrez précéder votre neveu le roy de Navarre? Sire, répondit le bonhomme, je crois que les dents ne me feront plus de mal quand cela adviendra, et est chose à quoy je n'ay jamais pensé pour être du tout hors d'apparence, et contre l'ordre de la nature. Mais, expliqua le roy, vous voyez comme tous les jours il est interverti; et si cela donc advenoit comme il se peut faire, je désire sçavoir de vous, et vous prie de me dire librement si vous ne le voudriez pas disputer avec votre neveu? Alors le cardinal se sentant fort pressé par le roy va luy dire : Sire, si le malheur nous en vouloit que cela advint, je pense qu'il m'appartiendroit et non pas à mon neveu, et serois fort résolu de ne luy pas quitter. Lors le roy se prenant à sourire et luy frappant sur l'espaule : *Mon bon amy*, lui dit-il, *le Châtelet vous le donneroit, mais la Cour vous l'osteroit.* Et à l'instant s'en alla, se mocquant de luy[2]. »

On sait ce qu'il advint des prétentions du cardinal Charles de Bourbon.

1. Gaillon était la maison des champs des archevêques de Rouen, et l'on sait que Charles de Bourbon occupait le siège archiépiscopal de cette ville. Il fut aussi évêque de Beauvais et chanoine de Noyon.

2. Pierre de l'Estoile, *Journal de Henri III.* Cf. L. Bordelon, *Diversitez curieuses pour servir de récréation à l'esprit*, Paris, 1700.

TABLE DES MATIÈRES

TABLE DES GRAVURES

49 930. — Imprimerie Lahure, rue de Fleurus, 9, à Paris.

9 782019 954932